An invitation to Psychological Rehabilitation

基礎から学ぶ動作法

心理リハビリテイション・ガイドブック

九州大学総合臨床心理センター 編
Center for Clinical Psychology and Human Development, Kyushu University

ナカニシヤ出版

まえがき

本書は、『基礎から学ぶ動作訓練』（ナカニシヤ出版）の続編です。動作法とは、人の主体的な動作を媒介として、心身にさまざまな障害や困難を有する人々へ提供される臨床心理学的援助プログラムの総称です。動作法は、日本リハビリテイション心理学会、心理リハビリテイション研究所および九州大学総合臨床心理センターを拠点として、成瀬悟策九州大学名誉教授が開発し、国内外の多くの研究者や臨床家たちによって、発展的に展開してきました。現在では、我が国だけではなく、韓国、中国、マレーシア、タイ、インド、パキスタン、イランほか、諸外国において幅広く用いられるようになってきています。援助の対象も、当初、脳性マヒ児・者を主としていましたが、現在では、そうした運動障害だけではなく、自閉症スペクトラム症（ＡＳＤ）等の発達障害や、うつ病、不安障害、統合失調症等の精神障害を有する人々への心理臨床的援助、高齢者の健康支援、スポーツ選手の技術向上等、幅広く適用されています。

本書及び『基礎から学ぶ動作訓練』の内容は、心理リハビリテイション研究所によって毎年出版されている機関誌「ふぇにっくす」から抜粋されたものです。「ふぇにっくす」は、動作法の基礎的技法についての解説だけではなく、熟練した動作法実践家たちによって、その折々のタイムリーな話題に焦点を当て、編集されています。

前書『基礎から学ぶ動作訓練』では、坐位訓練、膝立ち訓練、立位訓練等の脳性マヒを主とする運動障害のための技法の基礎について解説すると同時に、自閉症、知的障害、高齢者、学校不適応等の運動障害以外の症状を有する人々への技法適用のあり方について具体的に解説しました。本書においては、さらに、これらの動作法適用の実際について、より深く、具体的な内容を取り扱っています。例えば、乳幼児期の子どもたちへの動作法の適用は子どもとの関係性の構築が不可欠です。また、思春期の子どもであれば、心とからだの成長のバランスに留意することが欠かせません。不注意や衝動性といった行動コントロールの困難を有する子どもや、ＡＳＤの子どもたちであれば、心身の自己コントロール感をいかに獲得するかが重要となります。さらには、大災害の被災者の方々は、計り知れぬ不安と緊張、悲しみを抱えて生活をしておられますが、そうした方々の〝生きる実感〟を支える視点が必要となってきます。

このように本書では、前書『基礎から学ぶ動作訓練』において、取り扱いきれなかった、より具体的な動作法の考え方や実践のあり方について幅広く解説しています。

「ふぇにっくす」は、学術的内容を含みつつ、その主たる目的は、障害や困難を有する方ご本人、その保護者、そして、そうした方々の支援に携わる現場の教師やセラピスト等を対象として、動作法の実践にあたっての支援のあり方と具体的な技法の適用方法についてわかりやすく解説することにあります。本書を通して、実践に携わるみなさまの動作法についての理解が深まることを願っています。

九州大学総合臨床心理センター　教授　遠矢浩一

本文中の用語の中には現在は呼称が変更されているものがあります。

目次

まえがき　*i*

第一章　発達段階ごとの展開　……………………………………　1

一　乳幼児のトレーニーへの動作法の導入について　税田慶昭　*1*

二　思春期と動作法─思春期の子どもから教えられること─　清水良三　*5*

三　高齢者を対象とした動作法　長野恵子　*13*

第二章　対象ごとの展開　……………………………………　21

四　幼児期の自閉症児への動作訓練の適用について─特に訓練開始の導入部分について─　香野　毅　*21*

五　行動をコントロールできないでいる子どもたちへの動作法─対人相互関係の中で身体（動作）を調節（コントロール）するという視点─　横田　聡　*27*

六　発達障害臨床におけるアプローチ　井上久美子　*33*

七　動作法によるダウン症乳児の早期指導　田中新正　*43*

八　ダウン症幼児への動作法の手順と留意点　菊池哲平　*47*

九　姿勢の特徴に対応したダウン症児・者への動作法　古賀精治　*56*

一〇　医療的ケアを必要とする子どもへの動作法　小田浩伸　66
一一　医療的ケアの必要な子どもの動作法―ベッドサイド指導での動作法実施を通して―　谷　浩一　78

第三章　領域ごとの展開……………………………………………85

一二　教育現場で使う動作法―指導実践を通して最近考えていること―　飯嶋正博　85
一三　養護学校（現：特別支援学校）における動作法の活用について　小田浩伸　89
一四　学校現場における動作法　歳桃瑞穂　93
一五　病院臨床におけるアプローチ―精神科病院における児童・思春期相談室での実践―　山﨑由紀　100
一六　東日本大震災における動作法によるストレスケア―いわて動作法チームの活動報告―　上川達也・後藤幸市　109
一七　東日本大震災における動作法によるストレスケア―山形動作法チームの取り組み―　竹田文子・宮崎　昭　113
一八　東日本大震災における動作法ストレスケア―福島動作法チームの報告―　持舘康成　119
一九　災害時の心のケアに関する報告―新潟県中越地震後の小学校現場での様子―　髙橋道子　124

索　引　130

第一章　発達段階ごとの展開

一　乳幼児のトレーニーへの動作法の導入について

税田慶昭

小さなころからの動作法

子どもたちにとって動作法がもたらすもの。動作不自由を抱える子どもたちにとって、ひとつには、自分の身体を自分の意思に従ってコントロールする力が挙げられます。ただし、この自体・動作制御の獲得はそれ自体に留まるものではなく、生活や人とのやりとりといった環境との相互作用によって、自分の周りに広がる世界を自らが制御していく力と成りうるものともいえます。さらには、他者（周囲の人々）を含む環境に対してより自発的・能動的に関わることができることにより、子どもたちの中に喚起される体験、感情といったものもより多様な側面をのぞかせることでしょう。

一方、従来の乳幼児研究においても、運動発達とコミュニケーションとの関連性、特に知覚・認知発達に対する運動発達の重要性が強調されています。例えば、子どもは座る、這い這いや歩くことで移動できることによって、周りの空間や事物への理解を促進していくと言われています。このことから、認知発達を前提として出現する一歳前後からの指さされたものを見る行動、おもちゃの受け渡し、ジェスチャーの理解、自ら指さしして示す行動などのコミュニケーションの段階的な発達過程においても、運動発達が重要な役割を担っていると考えられています。

これらの意味において、動作不自由をもつ子どもたちへの早い時期からの療育的なフォローは、運動・コミュニケーションの両側面から重要なことと考えられます。同時に、動作不自由をもつ子どもたちは、乳幼児健診等においてほかの障害に比べてより早い段階で診断されることも多く、幼いうちから療育を受けたいという養育者の方のニーズも高いものがあるように思われます。実際、私の通ういくつかの訓練会では多くの乳幼児・幼児が訪れていますが、ただ、その幼さゆえに成人のトレーニーと接するときとは違った難しさがあるのも事実です。

以上のような背景を受け、本稿では一歳～三歳ごろの初めて動作法に触れる動作不自由を主訴とした子どもたちへの訓練の導入について、私の関わったケースを交えながら考えたいと思います。

幼いトレーニーとのかかわり

母親が訓練室から出て行き年少トレーニーと一対一での動作訓練がいざ始まったものの、訓練課題を行おうにもずっと泣きじゃくり、結局は始終あやしてばかり。私と同じような体験をした方、いらっしゃいませんか？

Aくんとの二泊三日のキャンプの初日もそのような感じでした。A君は二歳の脳性マヒの男の子で、移動は這い這いが少し見られますが立位や歩行は難しく、手先も器用ではありません。コミュニケーションでは、外界への関心はあり簡単なやりとり遊びの可能ですがはっきりとした言葉はまだなく、やや幼い印象を受けるお子さんでした。宿泊での短期キャンプへの参加は二度目でしたが、前回は訓練のほとんどの時間を泣いていたそうです。

実際、Aくんは母親と離れることに大変不安を感じやすいようで、母親がそばにいるときでもトレーナーの膝に座らせるだけで泣きが始まるといった様子でした。

スーパーバイザーからは、リラクセイション課題による全般的な弛めと膝立ち・立位姿勢の保持を訓練課題として指示されました。ただ、トレーナーが何をやっても（やらなくても）泣いているAくんを前に、さあどうしたものか……。

かかわりの中で大切にしたいこと

動作訓練を行う上で大切なことは、あらゆる人と人とのかかわりと同様、トレーニーの気持ちを感じることだと思います。まだ動作訓練を受けて間もない子どもたちにとって、慣れない場所で母親から離れることは非常に強い不安を感じさせるものです。特に、Aくんのように自由には移動できない子どもたちにとってはなおのことでしょう。その中において、トレーニーの不安をできるだけ取り除くこと、つまり、トレーナーと訓練場面への安心感の形成がトレーナーは自然と求められます。幼いトレーニーの不安を端的に表現すると「何をされるかわからない」という思いかもしれません。その意味でトレーナーには一貫したかかわりが必要です。

また、トレーニーの泣きのもうひとつ考えられる理由は、訓練が嫌なものだからかもしれません。私自身スーパーバイザーに「そんなことしたら子どもに失礼だろう」と言われたことを思い出しますが、動作訓練の必要がいまいち理解できないトレーニーにトレーナー主導で動作課題が淡々と進められるならば、それは決して楽しいものではないでしょう。逆に、何らかの工夫によりトレーナーとのやりとりを楽しいと感じられれば、そのときだけではなく「また来たい」とトレーニーは思ってくれるかもしれません。

一例ですが、私が幼いトレーニーへ関わるとき、〝遊び〟のスタイルを用いることがよくあります。この〝遊び〟のスタイルとは、訓練課題を遊びにしたり、遊びの中に訓練課題を設けて関わったりすることとお考えください。

Aくんとの訓練中には、立位課題や背そらせ課題等で歌遊び・リズム遊びやこちょこちょ遊びなどを用いて楽しめるものへと工夫するだけでなく、〝たかいたかい〟のようなジャンプ遊びで膝や足首の屈げ伸ばしや弛めをしたり、カーテンを握らせての開け閉めで手の動きを行ったりとトレーナー主導の遊びの中でトレーニーの能動的な動きを引き出し、そこに援助していくことを目的に関わりました。一日目、二日目とAくんの好きな遊びや歌を探りながら関わる中で徐々に泣きの頻度が治まり、トレーナーと関わる中で楽しそうな笑顔や発声が多くなりました。主訴である身体面の変化とともに、受け身で不安そうな様子も自分からトレーナーの顔を覗き込んだり、催促が出てきたりと隠れていた活発さが見えてきました。苦心の末のキャンプ三日目、Aくんは訓練のほとんどの時間を泣かずにトレーナーと一緒に過ごしてくれるようになりました。

遊びを介して関わることの利点は、トレーニーと関係が取りやすく、トレーニーに「遊んでくれる人」というポジティブな意識をもってもらいやすいことがあると思います。それとともに、遊びながら関わる中で気づかされたことは、どのような関わり方にしろトレーナーがトレーニーと一緒にいて楽しいと思えることが大事だということです。自分が楽しめるからこそ子どもも楽しい気持ちでいてくれる、そんな気がしています。

おわりに

乳幼児期・幼児期という早い時期から動作法の訓練会に参加する子どもたちにとって、初めてのトレーナーとのかかわりはひとつの分岐点ともなりうるものかもしれません。どのトレーニーに対しても基本的なことですが、特に発達が著しい幼いトレーニーの現在の発達段階を身体的評価のみに頼るのではなく、言語や遊び、表象などのコミュニケーション面においても「どんなことならできるかな」と適切に評価した上でかかわり・方針を決定していくことは非常に重要です。

また個人的な意見ですが、トレーナー自身、お母さん自身も「訓練しなきゃ」「させなきゃ」と無理をしなくてもいいように思います。一時間の訓練の中で一〇分でも一五分でも課題姿勢ができれば、「よくがんばったなぁ」ですよね。ただ、それゆえに残りの時間、何を目標に関わるかが問われます。子どもの泣きをあやすだけでなく、例えばどんな遊びなら喜んで立ってくれるかな、と身体・コミュニケーション面での目標をもったかかわりを互いに楽しんでできたらと思います。

そして同時に、トレーナーが感じたトレーニーの変化への気づきを母親など養育者にきちんと伝えることも大切な時期です。たとえ些細なことであっても「子どものこんなところが変わった」という母親自身の実感は子どもたちを囲む家族の励みとなるとともに、「また参加しよう」という気持ちにつながっていくのだと思います。

最後に、自分も子どもも母親もまた笑顔で会える関係が築けるように、と私自身これからもがんばっていきたいと思います。


（ふぇにっくす第六三号　二〇〇五年）

二　思春期と動作法
―思春期の子どもから教えられること―

清水良三

動作法のキャンプを接点としてたくさんのお子さんとかかわりをもたせてもらいました。一番小さいお子さんは五ヶ月でした。少し左の躯幹ひねりにぎこちなさがありましたが、その後順調に発達なさったようです。一番年長は、四〇過ぎていらしたでしょう。これまでたくさんのさまざまな年代の方とお付き合いさせてもらってきたものです。ところで私が動作法とのお付き合いを始めたころは、二歳、三歳から五、六歳そして小学校中学年ぐらいまでのお子さんが多く、小学校高学年や中学年はあまり多くありませんでした。そういうお子さんがとても大きく思えたものです。

まだ動作法という呼び名はなく、動作訓練あるいは心リハといっていました。今ではみな三〇過ぎになりました。そのころのトレーニーは小学校や養護学校の高学年になると、しばらく姿をみせなくなるお子さんと、青年にいたるまで多少のお休みはあっても変わらず続けているお子さんとに分かれます。

養護学校に通っているお子さんは高等部に入ったり、あるいは卒業すると訓練会やキャンプに来なくなったり、普通学校にいるお子さんは高校進学を控えると勉強で忙しくなったりということでキャンプに来ることができなくなることも多いようです。「ふぇにっくす」五三号での成人トレーニー座談会では「六歳から小六まで訓練したけど、そこから訓練いやだ、怖い、やりたくない、親も疲れ果てて中断した」という発言があります。

重度のお子さんでは、発作がひどくなったり、情動的に落ち着かなくなったり、何らかの心身の不安定さが目立ってくるのも珍しくありません。

動作法の訓練会やキャンプで子どもたちは何を感じ、経験するのでしょうか。やめていった人は、そして続けている人、戻ってきた人は何を体験していたがゆえに離れ、何のゆえに続け、そして何を求めて戻ってくるのでしょうか。

「ふぇにっくす」五三号、五五号、五七号などには年長トレーニーの思いや提言がいくつかなされています。それらをヒントに本節を進めてみたいと思います。

思春期

思春期と動作法を考えるとき、思春期という発達期の特徴と、動作法が目指すものについての確認をしておきましょう。

まず思春期です。一一、二歳ころからが思春期と呼ばれる時期になります。最近は成長の速さから、また身体的変化が著しく現れる時期が一〇歳くらいからと早まっています。

思春期には女子においては初潮、身体の膨らみ、男子においてはやや遅れて声変わり、筋肉の発達やガッシリした身体、などの生理的肉体的変化が著しくなります。それに伴い、心が不安定に大きく揺れ動くことが多くなります。

本人自身も、そのような自分自身に戸惑い、不安やいらいら感をもちやすく、また自分意識が高まり、従属していた親から精神的に分離しようとして、また独自の価値観をもつことから社会の代表として親に批判の矛先を向け、それは親への反抗的態度、寡黙となって現れたりもします。親よりも同性として協働できる友人との関係を大切にし、また異質な存在としての異性をあらためて意識し始めます。いわば身体の成熟に伴い、心が揺さぶられてくる時期と言えるのです。

ルソーは人は二度生まれると言いました。「一度目は存在するため」に、そして「二度目は生きるため」にと。私たちは母親という生物学的な存在から分離してこの世に生まれます。そして個体化あるいは個性化の道を歩みます。思春期は社会との関連で、社会に一個の独立した個性ある人間として、しかも一人では到底生きられないという社会の中にその個性をどの様に折り合いをつけて生きていくのかというきっかけの時期でもあるのです。

このような思春期の特徴は、障害をもつ子どもたちも同じです。むしろ身体の成熟や、内的バランスが崩れて、それまで見られなかった発作や、パニックがひどくなるお子さんもまれではありません。障害が重く、言語的に行動的にも心の発達のアンバランスさを解消する道が制約されているほど、それは激しく現れるかもしれませんし、それほど重くないお子さんもむしろ自分のあり方について内心ひどく葛藤し始め、ときにはうつ状態になったりもします。

もう一度ルソーの言葉にかえりましょう。かれはこの二度目の生まれを「生きるために」と表現しました。自分が一人の個性ある人間として心理的に親と分離し独立して、社会に生きるための「二度目の生まれ」といったのです。

生きるということと動作法

「生きる力を育てる」ということが学校教育の中で取り上げられるようになってきた昨今ですが、わかりきったことをあえて言いますと、この「生きる力」とはもちろん生理的にどのような食物を取り、どのような季節、気候にあった衣服を身につけ、健康を維持するレベルから、人とよくコミュニケートできる、自分をきちんと表現できる、自信をもって、自分に恥じない倫理性をもって、「より善く、充実した人生を生きる」というレベルにわたっています。

さてここでいよいよ動作法に戻りましょう。動作法は心理リハビリテイションを構成する障害児者のための動作訓練法から、発展して今や、心理的な悩みのためのカウンセリングや心理療法としての臨床動作法と呼ばれるようになりました。

臨床という言葉は、臨床心理学、臨床医学などという基礎研究ではなく、それに基づいて開発された方法で人を対象に援助・治療することをさしていると普通は思われています。

臨床という言葉は床に臨むですから、お医者さんがベッドに寝ている病人に関わる医学用語のように思われるのですが、実は元をたどれば宗教用語に近いとも言われます。今でこそ病院で死ぬのが普通ですが、五〇年ほど前はまだ自宅で看取るというのが少なくなかったと思います。もっと昔は医者ではなく、自宅でいよいよ息を引き取りそうなときに呼ばれるのはお坊さんでした。いわば死の床にある人にお経を読み、安心して新しい世界へ旅立つ構え、より善く死を迎えさせるために枕元に寄り添うということが臨床だというのです。

回りくどくなりましたが、臨床ということは、それがあの世であっても、より善く生きていけるという自信というか構えというか、そういう心のもち方になってもらおうという援助をすることだということなのです。

そして臨床動作法というとき、私たちはこの臨床の意味を常に噛み締めて指導にあたらねばならないということなのです。

もともと心理リハビリテイションの中核技法である動作訓練法は、心理リハビリですから、心をリハビリするということです。韓国ではリハビリテーションを「再活」というそうですが、まさに再び活性化する、再び生き直すということを表現しているようです。

これまでしかし、動作訓練の効果の高さゆえに、また動作が変わることはご自身の心が変わった結果であるということに注目しすぎて、私たちはあまりに動作の改善を目指しすぎていなかったでしょうか。

小学校高学年から中学生の年齢の子どもたちで、訓練会やキャンプから遠ざかった人たちには、これ以上は身体的な動作の改善が見られないというあきらめや、自分自身の身体のありように直面したくないという思いや、保護者にも同じような動作訓練での効果はもう頭打ち、それどころか発作がひどくなって訓練どころではなくなった、生活、就労の技術を身につけるのが先決の問題という思いを抱かせた結果、参加を見合わせた方も多いのではないでしょうか。「ふぇにっくす」五五号では井本範子さんは、いわゆるリハビリのために入院していた半年間は人間として扱われた気がしませんでしたと述べています。しかし私たちもあまりに動作の改善を目的的に目指すあまり、結果としては同じように「身体動作」を扱い、心の発現としての「動作」援助から離れてしまうことが本意ではないにせよ実は少なからずあったのではないかと反省しているのです。つまり、臨床ということ、より善く生きることへの援助、再び活性化し、生き生きと活動することを援助することが、本来の動作訓練であり、動作法であるのにそれをつい忘れてはいなかったかという思いなのです。

このような思いは次に述べる私の経験に基づいています。

思春期の子どもから教えられたこと

Aちゃんは養護学校（現：特別支援学校）五年生になりました。もたれ座りや寝返りそしてずり這いでやっと少し自力で移動します。でもおおむねの移動はお母さんが抱きかかえて連れて行きます。でもこのごろからだ全体はむしろ小柄ですが、全体に肉がついて女の子らしい肉付き、初潮、胸の膨らみが出てきています。そんな彼女があるキャンプでのこと、三日目になって訓練の時間になっても、Aちゃんが来ません。訓練室の入り口で何やらもめています。そしてお母さんがすまなそうに、「どうしてもいやだ」と言うのですとおっしゃいました。いつもは少しぐずってもみんなが待ってるし先生にも悪いよと少し説得するとしぶしぶでも納得していたのですがとおっしゃいます。実は今回のトレーナーは学校の先生ではありましたが、新任のまだ若い、男性教諭でした。Aちゃんは別にそれがどうとは言いません。ただお母さんには、「お母さんは私が行きたくないと言っても結局は私は抱っこされて連れて来られた。でも自分でもわからないけど今はどうしてもいやだ」と言うのだそうです。Aちゃんは重くなっただけでなく、さまざまに変化してきている自分の身体を自分でも受け入れられないのに若い不慣れな先生にそうしたからだをゆだねるのに抵抗があったと思われます。またお母さんには体重増加とともに移動に苦労させてしまっているという思いと、これまでは結局お母さんにゆだねていたが、これだけのからだをもつ私はそうはいかない、今までの自分とは違うという思いも出てきたのだと推測されました。

Bさんは中学二年生、担当のトレーナーは動作法はまだ二回目ですが、教師歴は長い女性の先生です。先生は一生懸命彼女と動作訓練以外でも接し、よい関係のように見えました。しかし四日目、Bちゃんはああでもないこうでもないと一生懸命訓練に取り組んでいた先生に「私のからだを実験台にするならやめといて!!」と大声ではありませんが鋭く言いました。当然先生は落ち込みます。ミーティングやその後も先生と私は話し合いました。Bさんは何を感じたのか。先生は何を感じさせたのか。結論は、先生はどうなれば腰が動くかそれをずっと考えていたと言います。つまり腰という身体がどう手伝えば動くかというかかわりをしていたことに思いあたったのです。

Aちゃんの場合には、訓練そのものはしたいということでしたので、でも自分でもわからないが何かが止めているということでしたので、その止めている感じが薄かったところまで戻る、具体的には居室から訓練室までのしたのロビーまでならよいというのでまずそこで過ごしてもらい、次の時間は訓練場所で見学、そして翌日はSVが、Aちゃんがもたれ座りの安定を希望していることを確認し、あらためてトレーナーには座位を支えすぎず、不安定にさせないという補助の仕方のみを徹底して指導することで、「訓練」ではなく、トレーナーが抱え込まずにAちゃんを受け止める補助を通じて後のキャンプスケジュールを進めることができました。

Bさんのトレーナーは、翌日からBさんとともに、というよりもむしろBさんが手伝ってほしいところをどのように手伝ってほしいかを確認しながら進めていくようにかかわりが変わり、Bさんはトレーナーに手伝ってもらいながら自分でどのようにからだの動かし方を感じられるかを模索し始め、年季の入ったがっちりした腰が自分で動かす感じを伴って動かせるようになってキャンプを終えました。

思春期へのかかわりの留意点

先に述べたように、思春期はご本人自身、変わりゆく自己身体についていけず、混乱すると同時にそのような新たな身体をもった新たな自分を見つめ始める大いなる心の成長期でもあります。AちゃんもBさんも短い時間でまさに自分を受け入れ、他者をも受け入れていったのです。

それができたのは、「身体」動作訓練ではなく、本来の「動作訓練」「心理リハビリテイション」「臨床動作」、すなわちその人の意識に上らないけれども、まさに自発的な努力過程、自分がしっかりと自分にはたらきかけるというプロセスの援助に留意したからと思われます。

思春期トレーニーは変化する自己身体をそれまでにもましてトレーニー自身が直面し、受け入れ、自発的主体的に新しく発見した自己身体を操作する実感、喜び、達成感を十分に体験してもらうという援助者側の構え、意識が大事であるとともに、具体的なかかわりの方法が工夫されなければなりません。

そこでいくつか考えられる留意点をまとめて本節を終わることにします。

①身体接触は慎重に。思春期は身体の生理的変化に伴い本人自身も受け入れがたい違和感や、不快感、あるいは自己身体感の喪失が考えられます。よって目に見える具体的な動きを身体の遠い部位、足首や手首の屈伸動作などから入るとよいでしょう。くすぐられ感も強いので、まずは十分自分で動かしてもらって、本人に主体的に手伝ってほしいことを明確にさせてからそれを手伝うようにするとよいでしょう。

②しかし確実に補助する。恐る恐る触っていては本人が自己身体に向かい合う手伝いになりませんし不安定では信頼感も育ちません。あくまで①を踏まえた上でしっかりと補助しましょう。田嶌（二〇〇五）は引きこもっている不登校中学生への家庭訪問面接のコツとして「押し付けがましさ」が大事と言っています。

③目標を明確に。この訓練がどのような目的動作に役立つのかを明確に確認しておきましょう。そして最初に片足立ちならどちらが立ち難いかをしっかり確かめておいて、今した訓練がどのように立ち方を変えたかをその都度確か

めましょう。確実な達成感を育てるためです。

④自動感を大切に。ついついトレーナーが「訓練」してしまうと、被動感ばかりが高まります。自分で動かしてもらってその動きを大きく反対方向に動かしてもらうとまず動いたという自動感が高まります。

⑤主動感を大切に。自動感が高まると新たな自己身体を発見した喜びが出てきて、面白くなって、より主体的に自己身体にはたらきかけるようになります。そうなると、より主動感が高まります。自分でコントロールしている感じを確実に味わってもらいましょう。

⑥言葉で確認しすぎない。今どんな感じだったかなどを聞きすぎないようにしましょう。ただでさえ実感が乏しくなっている変化の大きな自己身体に向き合っているのですから。言語化は難しいのです。

⑦あまり没頭しない。トレーナーやご本人が研究熱心になりすぎると悩みも増え、なぜ思い通りにならないとまた自分を責めて落ち込んだり、中途放棄になりがちです。適当なところで切り上げて、二人でボーっとした時間を共有し味わうこともときには大事です。

以上あまり具体的ではありませんが、思春期の子どもたちが教えてくれるもの、それは、子どもたちのセルフエフィカシーや自尊感情を動作を通していかに育てられるのかという視点であり、そして臨床動作の本質、心理リハビリテイションの意味を、トレーニーとの動作のかかわりにおいて一瞬一瞬に、自分とトレーニーとで問い合わせすり合わせながら進めていく、それにつきると思います。

（ふぇにっくす第六三号　二〇〇五年）

文　献

清水良三　一九八七　思春期脳性マヒ児の動作訓練―訓練不適応の事例―　リハビリテイション心理学研究、一五、一三―一八

田嶌誠一　二〇〇五　不登校の心理臨床の基本的視点―密室型心理援助からネットワーク活用型援助へ―　臨床心理学、五（一）、三―一四
冨永良喜・山中寛編　一九九九　動作とイメージによるストレスマネジメント教育　北大路書房
ふぇにっくす、五三、五五、五七号
松木繁・宮脇宏司・高田みぎわ編著　二〇〇四　教師とスクールカウンセラーでつくるストレスマネジメント教育　あいり出版

三　高齢者を対象とした動作法

長野恵子

はじめに

平成元年から西九州大学（佐賀県神埼町）で高齢者を対象とする動作法の実践を「こころとからだを活性化する教室（高齢者教室）」と称して行ってきました。ちょうどゴールドプランが定期され、老人福祉に対する社会的な関心が高まり始めた年です。

その当時の私は障害児に対する動作法の経験は積み重ねてはいたものの、高齢者のからだをさわるのは初めてでした。針塚進先生、中島健一先生を招いて研修会をし、試行錯誤の中で蘭加代子先生、花田利郎先生とともに高齢者に対する動作法を実践してきました。

一三年間継続している方を含めて、現在約六〇名がグループに分かれて参加しています。ほとんどが、自宅で自立生活を営んでいますが、中には痴呆症（現：認知症）や脳卒中後後遺症の方を含め老人ホームからの参加もあります。

今回は高齢者のための健康動作法について、実践の中から考えてきたものをご紹介したいと思います。

健康と老い

高齢者にとって大きな関心事は健康です。いくら気をつけていても、これといった疾病がなくとも若いときのようには速く歩けない、重いものがもてない、腕が上がらない、目が見えにくい、耳が聞こえにくいなど、生活上の支障を引き受けて工夫しなくてはなりません。

「年を取ったなぁ……と思う」ことを「老性自覚」と呼びます。その契機としては「外からの自覚」（××歳になった、私孫が生まれた、退職した、他人からの老人扱い）よりもむしろ「内からの自覚」（疲れやすい、億劫だ、以前のように歩けない）によるものが大きいと言われています。自分のからだを動かした感じの変化に老いを感じるようです。例えばからだをコウ動かしたつもりがソウは動かなかったという体験が繰り返されると、「疲れやすい」「億劫だ」といった言葉になります。

高齢者の動作の特徴と動作法

当たり前のことですが、高齢者とひと言でいっても六五歳から百歳近くまでの人をひっくるめての総称ですから、からだの動き、心のありよう、社会的な活動レベルも人さまざまです。

個人差は確かにありますが、動作法をする上でまず念頭に置いておくことは、高齢者に見られるからだのかたさです。加齢に伴う姿勢の変化は、一般的には図1に見られるようなものであり、屈方向への緊張が入ってきます。すなわち、首、肩、背、胸、腰といった躯幹部や膝、足首に及ぶ全身的なものですが、当然のことながら大きな個人差があります。

高齢者に見られるかたさは、脳性まひ児のかたさと同様に、腰を立てて座る、大地を踏みし

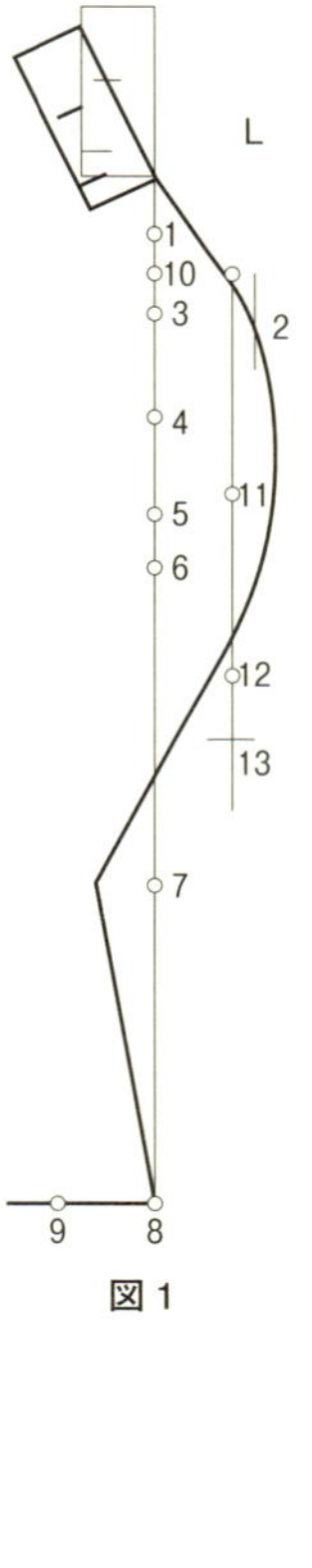

図1

めて立つというようにタテへの動きを妨げる方向に作用しているようです。

高齢者に動作法を行う目的は、姿勢のゆがみの修正、動作の習得、自ら動く、動かす身体感による心身の活性化、といったところです。これらの目的に到達するステップにおいて、からだに心を配り、丁寧に「私のからだを私が動かす」といった能動的な心の働きを積み重ねていくことが大切です。

動作法の実際

課題を設定する場合には、まずは、①自分のからだに触れられることに慣れる、②自分のからだのかたさに気づく、③かたい部分を弛めていくことの心地よさを感じる、④自分で自分のかたさを弛めていると感じる、といったものを援助者との間でゆっくりと形成していくことが重要であると考えています。

筆者の場合には、リラクセーション課題から始めて、徐々にタテの動きを中心とする課題に入っていきます。

(1) リラクセーション課題

高齢者にとって動かしやすい課題から入っていくのが望ましいと考えています。ちなみに筆者は次のような課題を首から順に行うことが多いので紹介します。

①首を動かす……首を前に屈げる
　　　　　　　　首を後ろにそらす
　　　　　　　　首を左よこ・右よこにたおす
　　　　　　　　首を回す

②肩の力を抜く……肩を上下に動かす
　　　　　　　　　肩を前、後ろへ動かす

③腕を上げる

④躯幹を捻る

あお向けになり、腕を回しながら、徐々に肩を床方向に動かす

⑤腰を前に倒す

あぐら座位（椅子座位）で前、右斜め前、左斜め前

⑥足首を屈げる、伸ばす

⑵タテの動きを課題とする基本動作

腰が引けた状態で座っていたり、お尻の片方で座っている姿をよく見ます。本人は「背中が屈がってきた」というように自覚することが多いのですが、実は、腰をタテに立てられなくなることからきているようです。以下に、坐位と立位での課題を挙げます。膝立ち課題をすることもありますが、膝が悪い方が多いので注意が必要です。

①坐位姿勢をつくる（あぐら、椅子）

・腰を立てて、タテに力を入れる

・尻の左右で踏みしめる

②立位姿勢をつくる

・両脚での踏みしめ

・片脚踏みしめ

・脚を上げる

・前後で踏みしめる

動作法がもたらすもの

健康動作法を続ける中で、肩が軽くなってきた、日頃ちょっとしたときにも動作法をして、からだがかたくならないように気をつけている。動作法をした後すっきりとしたからだが軽くなる感じがする……といった感想が見られます。

ここで八年間動作法の教室に参加されている方の感想文を紹介します。

（前略…）当番の組み合わせ発表のあと、替え歌合唱の身振り手振りでウォーミングアップ、次いで暫しの「語らいの場」となる。この時には当番学生さんとの間に旧知のような語り合いが続く。年寄りの我田引水を自戒しつつも、ついつい話しこんでしまう。

動作法は気功の静けさを感じさせる。動作しながら座禅を組んでいるような心の静寂、呼吸。心身のバランス感覚も自ら整って来る。繰り返し繰り返し動作をしていくうちに、自然と要領を得て来る。当番学生の手触りで、私の身体の歪み、偏りが指摘される。今迄、普段動かしていなかった関節、筋肉を静かに動かすコツを覚える。還暦を過ぎると身体の節々の痛み、筋肉の凝りは、加齢とともに増してくる。動作法の後は鍼灸のあとのような爽やかさを覚えるから不思議である。（博多保方さん、七四歳、平成五年から参加）

動作法と長く付き合っていくと、丁寧にからだと向き合うことを通して加齢との折り合いのつけ方も上手になっていくのではないでしょうか。

援助者としての工夫

健康動作法に参加する高齢者の中には、朝からゲートボールをして、地域のさまざまなサークル活動をしている人がいます。健康にも自信があり、さらなる健康法を学びにこられる方です。動作法を行うと、はじめはどの部位にしても目一杯屈げ、素早く何度も繰り返します。「今この辺はどんな感じですか？」等々尋ねても「いや大丈夫、何ともないです」と答えます。これだけ自分は元気だという確かめをしているような印象をもちます。ゆっくりと自分のからだに注意が向くようになるには回数も必要ですが、まず、そのように健康に留意し、元気に動かせるからだのありようを援助者が受け入れることから始まるようです。

「よく屈がってますね」

「そうですか。私はまず朝起きる前に寝床の中で、○○を左右一〇回と△△を一〇回それから××をしてから起きるんです。もう一〇年近く続けています」

「わぁーよく気をつけてなさっているんですね。だからそんなに動くんですね」

「はい、健康一番ですから」

「そうですよね。じゃあ、屈げる程度はそれで十分ですから、こんどは反対側をするとき、ちょっと止めてみて、このあたりがどんな感じかなとからだに聞いてみてくださいますか」

一方、これといった病気は無いけれども、何となく弱っていく自分を何とかしたいと思っているような方もいます。

「私は背中もこんなに屈がって……。あの人みたいにピンと伸ばせませんから……」

「まっすぐにと思うと大変ですよねー……。でも、今、シューッと動いた感じがとてもよかったですよ。その感じを大切に、もう一回一緒にしてみましょうか？」

また、こちらが手を添えているとき、（決して年齢だけでは言えませんが）八五、九〇、ましてや一〇〇歳近くになると、「首を右に倒しましょう」と言っても、「あれっ、かすかに動いたかな」と思う程のこともあります。しかし、本人は「こちらの方が動かしやすいですね……はい、つっぱった感じです」などとその感じを味わっているのです。

援助するにあたっての留意点

①無理せずゆっくりと

②常に言葉とからだでコミュニケーションを取りながら

③肯定的な言葉かけを多くする

④動作のプロセスについてのコミュニケーションを図る

⑤ゆっくりとした時間、環境を整えること

いずれの点も、どのような対象者に動作法を実施する際にも共通するものかもしれません。しかし高齢者に対する場合、援助者よりも長い人生を歩み、さまざまなときを乗り越えてきた人生の先輩としての敬意を払いつつ、援助者としての役割を担えるようにしたいものです。

今回は、テーマの関係で、健康な高齢者に対する動作法について述べてきました。しかし、高齢者に対する動作法は、痴呆性（現：認知症）高齢者（中島、二〇〇一）や脳卒中後遺症者への動作法（長野、一九九二、石倉、一九九八）といった実践も徐々に蓄積されています。高齢者に対する動作法の場合には何をもってゴールと考えるか難しいところなのですが、次第に実践の仲間が増えていくことを期待しています。

（ふぇにっくす第五九号　二〇〇二年）

文　献

中島健一　二〇〇一　痴呆性高齢者の動作法　中央法規出版

長野恵子　一九九二　高齢者肢体不自由者（脳卒中者）の臨床動作法　リハビリテイション心理学研究、二〇、一〇九―一二〇

石倉健二　一九九八　障害者のための動作法　九州大学発達臨床センター編　基礎から学ぶ動作訓練　ナカニシヤ出版　一四八―一

長野恵子　一九九九　動作法　中島健一編　高齢者と心のケア　小林出版　六二―一二〇
針塚　進　一九八八　高齢者の心身の活性化のための体を通した援助の意義と方法―動作法適用の意義―　九州大学教育学部紀要、三三（一）、二七―三六
成瀬悟策　一九九三　高齢者臨床における動作法の心理学的意義　リハビリテイション心理学研究、二〇、一―一四

第二章　対象ごとの展開

四　幼児期の自閉症児への動作訓練の適用について
―特に訓練開始の導入部分について―

香野　毅

はじめに

現在、自閉症児への動作訓練は、肢体不自由児への訓練とともに、最も多く行われていると言えるでしょう。キャンプや月例会、学校での養護・訓練などで盛んに行われています。そこで、自閉症児への動作訓練について触れたいのですが、その実際の技法や課題については、肢体不自由児への動作訓練とかなり共通しており、また「ふぇにっくす」その他でも過去に掲載されていますので、今回は特に訓練の導入部分を中心に述べたいと思います。それは、幼児期の自閉症児への訓練では導入部をいかに行うかによって、その後の展開が変わってくると考えられるからです。特に、訓練の初心者ではこの段階でつまずいて、その後の展開が思うようにいかないという声がよく聞かれます。そこで、ここでは導入部分をトレーナーとトレーニーが出会ったところから、訓練課題を始めるところまでとして、少し丁寧に考えてみたいと思います。

訓練の視点や留意点

では、導入部分について実際の場面を通して考えてみたいと思います。

仮にこんな場面を設定してみます。「ある月例会で、幼児期（三・四歳）の自閉症の子どもが参加してきたとします。訓練を受けるのは今日が最初で、友達のお母さんに誘われてきた。親子ともに動作法のことを知らない。また、トレーナーもこの子について知らない」。このような場合に自分がトレーナーもしくはスーパーバイザーだったらどんなことを見たり、考えたりして訓練を進めていくのかを、以下に紹介したいと思います。

(1)開会式等、みんなが集まっている場面でどのような行動をしているかを観察する

例えば、みんなが輪になって座っているときに一緒に座って、先生の話を聞いているか。それとも、周りを走り回っていたり、落ちつかない様子なのか。特定の物に興味を示したり、遊んでいないか。あるいは、お母さんにべったりとくっついていて離れられない……等々。観察しておくべきことはたくさんあります。これらの情報から、この後訓練が始まったときにどんな行動をするのか、それにどう対処するのかをある程度見立てをしておくことが必要でしょう。ここでの見立ては仮のものですが、例えば以下のようなことが想定されるかもしれません。

○ザワザワとした周囲の雰囲気になじめず、不安な表情で周囲を走っている子にとっては、トレーナーもその不安の対象のひとつなので必要以上に警戒させない近づき方を心掛ける。

○お母さんとべったりの子にとっては、お母さんとの結びつきが強い時期かもしれないので、母子分離の前に確認をして、お母さんと協力して母子分離をして訓練に入る。

○お名前呼びや指示に対して無反応なときに、それが言語的理解の難しさなのか、それとも聞く姿勢や社会性の問題なのかを想定しておき、実際に自分が接するときの方法、つまりどうしたらトレーニーがこちらに注意を向けてくれるのかを考える。

これら以外にも、いろんな見立てができると思います。もちろんこれは、距離を置いて第三者として観察したときの見立てですから、この後の展開で変わってくるはずであり、とらわれすぎる必要はありません。トレーナーの見る姿勢として考えておけばよいと思います。その子との訓練はすでに始まっていると言えるかもしれません。

(2) お母さんとしっかり話をする

これは日頃の様子を聞く意味で、どんな障害のトレーニーでも当たり前なことですが、この例では母子ともに初参加ですので特に挙げておきます。母親から聞く内容は、私の場合は、実際にそれまでの時間や話している最中の子どもの様子を手がかりにしながら聞いていきます。走り回っているようだったら、「家ではどうか、ほかの集団の場所ではどうか、新しい場所ではどうか？など」ということを聞いていきます。自分が実際に観察したことから話すことで、その子の様子やお母さんがどのように考えているのかがよりわかりやすくなると考えます。

また、動作訓練、特に自閉症児への訓練の様子は、初めて見る人にとっては「何をやってるんだろう？」と感じるようです。極端な話ですが、体を拘束して押さえているとも見えないこともありません。そこで、事前にお母さんに対して「これからこんなことをします」と大まかでもいいですから説明しておくことが必要になります。どのような内容を説明するかについては、後で親子訓練について詳しく触れたいと思います。

それと、子どもたちはお母さんを通していろんな情報を取り入れています。初めての訓練の場面で周囲の世界がわからない自閉症の子どもたちにとって、お母さんは唯一の接点です。そこで、お母さんの話をしている様子を通して「この人誰だろう？」「今からなにするんだろう？」ということを知ろうとしています。お母さんときちんと向かい合って話をしているトレーナーの姿を見せることは、もしかするとすごく意味のあることかもしれません。

(3)子どもに近づく、接触する

いよいよ子どもと対面するわけですが、ここでは「こっちおいで」と声をかけたり、手を引いたりして距離を近づけます。そのときの子どもの様子としては、離れようとする、無視する、トレーナーの要求が伝わらなかった、近づいてくるなどいろんな行動を見せると思います。それに応じて、もっと声をかけた方がよいのか、あるいは抱きかかえるようにした方がよいのかということを判断します。もちろん、無理しないで一度離れてみて、再度接近をはかるというというものも方法のひとつです。このときにいきなり課題姿勢に入ろうとするのは、子どもに過度の拒否を生み失敗してしまうひとつの要因になるかもしれません。もちろん、そこで抵抗なり、拒否があってもその後のやりとりが展開できるというトレーナー側の見立てがあればよいでしょうが、特に初対面のトレーニーのときにはじっくりと近づいた方がよいと思われます。しかし、ここでせっかく近づいているのにそこから、課題に入らないまたは入れないトレーナーを見ることがあります。矛盾するようですが、近づいて接触して、課題に入るチャンスがあるならば、そこはさっと動作課題に展開した方がよいでしょう。トレーニーにとって、接触したままでじーっと待っているのも退屈でしょうし、そのままでは結局また離れていきかねません。ここまで来たら、トレーニーも次の展開を待っています。

(4)課題姿勢に入る、ブロックする

目指す課題に応じて仰臥位やあぐら坐位の形を取りますが、触れられることやじっとしておくことが苦手な場面が多いですから、まずは寝ることだけ座ることだけというように課題を区切りながら単純にして伝えていくことが大事だと思います。例えば腕あげ訓練で「寝て、手を持って、肘伸ばして、上にあげて……」と次々に課題を出しては子どもにとって大変ですし、トレーナーも一度にいくつものことをやるのは混乱するでしょう。順序立てて伝えていきながら、寝るため座るために必要なところだけ適宜ブロックしてその姿勢でいることを伝えていきます。そして重要

なことは、課題の部位以外で、もう動こうとしない部位・動きの止まった部位はブロックを外していくことです。これから、せっかく腕なり背中の動作を行おうというのに他の部位をバタバタと動かしていては課題部位にに集中することが難しくなります。動作訓練の特徴でもある体を通した働きかけは、トレーニーがどこに注意を向ければよいのかをさわったり動かしたりすることで伝えることができます。これから、体のどの部分をどんな風に動かすかを伝えるためには、できる限りほかの部位の補助を少なくし、課題動作に必要な部位だけが動くようにする必要があります。

(5)課題動作を伝える

ここで重要なのは、ひとつはどこを動かすのかをしっかり示すことです。その部位をさわったり、ここだよと声をかけたりします。そして次に、こういう風に動かすよとリハーサルをして、目標をはっきりと示します。このような見通しを子どもに与えることは、特に自閉症の子どもにとっては大切なことです。ここが説明不足だと、課題動作がうまくできないときに、なぜできなかったのかという判断がきちんとできず、後の展開につながらなくなります。トレーナーにとって少ししつこいと感じるぐらいに示していって、トレーニーはちょうどよいぐらいと思ってもいいかもしれません。

後は、合図を出したり、動作を介しながら、お互いの動作を通して存分にやりとりを楽しめるといいかと思います。

ここまでが、おおまかですが導入部分の進め方になります。必ずしも一般的に当てはまるやり方、考え方ではないかもしれませんが、実際に自分がやっているつもりになって紹介してみました。このような考え方の参考にしているのは、以前ある先生から心理面接における構造・考え方の話を伺ったときに、すごく自閉症児との動作訓練と共通すると感じたものです。その話を動作法に当てはめると、図1のようなイメージになります。そこでは、まず訓練の場というものがあって、その上にトレーナーとトレーニーがいて、その二人の間に課題、ここで言う動作法があるので

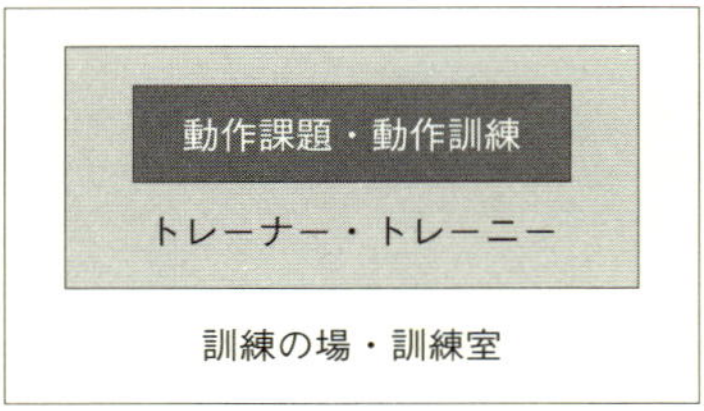

図１　動作訓練場面のイメージ

はなくて、動作法をするための訓練の場、二人の場があるというものです。つまり先に動作法があるのではなくて、動作法をするための訓練の場、二人の場というものを大切にしなくてはいけないということだと思います。もちろん一番中心の部分が大切で、そのための土台をきちんと固めていくことの重要性を再確認した話でした。

　自閉症児との訓練は、動作の遂行という目的とともに二人で共同作業ややりとりをするということが目的となります。そのためには、前述のことを意識しながら、相手の行動や動作をしっかりと感じることとトレーナーからわかりやすいはたらきかけをすることが大切なのではないかと思います。

親御さんへの話について

　最後に、親指導や親子訓練について触れたいと思います。自閉症児への訓練について最初に親御さんに説明するのに苦労しているという声を聞きました。そこで自分だったらどんな風に説明するかを、このケースの例で紹介します。「○○ちゃんは人と一緒に何かをすることが難しいみたいです。例えば、こちらの働きかけに応じてみたり、逆にこちらに働きかけてきたりする練習が今必要と思います。そこで、からだを通してのやりとりや共同作業をします。からだやその動きを使うのは、言葉でお話をしたり、ボールでキャッチボールをすることより、○○ちゃんにはわかりやすいと考えるからです。それと、人に合わせたり、応じたりすることは大変なことですから、もしかしたら抵抗したり泣いたりするかもしれません。でも、きちんと何をしたらいいかが伝わって、やりとりしていけばちゃんと落ち着いて楽しめるようになりますから、心配でしょうがしばらく見ててください。また、後で印象や感想を話しましょう」というような内容を伝えるようにしています。これは、訓練に初めて参加した親子への話のつもりで書いています。ですから、その子の状態に合わせて話の内容は当然変わります。そして訓練の後に、自分とはこんなことができた、次はこんなことがしたいということを伝えます。そのときに、そんなことはもう家でお母さんとできているかもしれないと思う方がいるようですが、お母さんとトレーナーは違います。そしたら次はトレーナーである自分と同じようなことができるのかと考えていけばよいと思います。後は、訓練の展開に応じてお互いに情報交換をしていくことが必要でしょう。

最近の報告では、自閉症児といってもその特徴や発達の仕方には、かなり幅があることがわかってきました。ですから、今、目の前にいる子について感じたこと、観察したことを話すように心掛けて下さい。

（ふぇにっくす第五四号　一九九八年）

五　行動をコントロールできないでいる子どもたちへの動作法
―対人相互関係の中で身体（動作）を調節（コントロール）するという視点―

横田　聡

はじめに

本来、学校は未来に向かっていろいろな世界を描くための多様な体験を育むことができうる場所であるはずです。ですが、これがとても難儀な社会になってしまう子どもたちも少なからずいます。そのような子どもたちの中に、行動を自分でコントロールすることができないでいるというような様子を見せる子どもたちがいます。このような様子を見せる子どもたちは、大人側から見れば「困った子ども」に映ると思われますが、本当は子どもたち自身が一番「困っている」のではないでしょうか。そのような子どもたちをみていると、対人を含めたような状況において欠くことができない自己の情動の抑制やコントロールをすることの難しさが目立つようです。これが結果的にいろいろな著書に記述してある、衝動性、過剰な活動性、注意の持続のむずかしさと言われる行動特徴につながっているように見えます。このような特徴は、支配性行動（ルールや順番を守ったり、自分の衝動的反応を抑制しながらやりとりしたりする）が必要となる集団のや対人相互交渉の場面、あるいは作業学習などの決まったことをやりとげなければいけない場面（子どもにとっては刺激的でも、興味をそそられる活動でもないことが少なくない）では顕著に見られるようです。だからこそ、この子どもたちにとっては先に記述したように一見構造化されているようで構造化されていない環境にあることが少なくない学校は「難儀な社会」になってしまうとも言えます。

以上のような子どもたちが、少しでも日々の日常の中で困らないで活動できるようにするためには、欠くことができない「対人間の関係」を構築していく必要があります。その中で多様な体験を育みながら成長していくことが望まれます。そのひとつのアプローチとして「身体（動作）を調節（コントロール）する」ということを通した対人相互交渉について訓練ケースを中心としてみたいと思います。

ケース「不注意及び衝動性が目立つ子どもへのアプローチ」

⑴対　象

四歳六ヶ月（初回来談時）男児

⑵行動の様子（初回来談時の母親からの話より）

注意の持続や精神的努力を要する状況では、いらいらやもじもじ、おしゃべり等の落ち着きのなさが目立つ。支配性行動が必要とされる友達関係、遊び（ゲーム）などの場面では衝動性が目立ってくる。また、自分の意図がうまく伝わらないときには、人が話すことを遮るように強い口調で暴言をはいてその場から走り去ってしまう。次から次に興味が移ることが多い反面、興味あること、新規な場面に関しては、過剰とも思える活動性や熱中性が見られる。その他、信号が眼に入らず赤でも渡ろうとしたり、車で移動中に興味をひかれたらドアを開けようとしたりなどの様子も見られる。

(3) 姿勢動作の状況

立位、膝立ち、坐位の姿勢において、股関節のひけ、背中（特に、肩胛部、肩）の円背及び、顎の突き出し（顎の縮み方向への緊張）がその特徴である。走り始めるとかかとが浮き、爪先がつまり気味になり、転ぶことが少なくない。

(4) 初診時の様子（かかわりの中での様子）

新しい場面であるためか、いくつかの教室を探索したり、母親にしきりに話しかけたり落ち着かない様子が見られた。相談室の中では次から次におもちゃを取り出して触れたり遊んだりしていた。母親とトレーナーが話している途中介入しようとしてしゃべりかけてきたり、一緒に来ている弟にちょっかいをだしたりなどの行動が時間の経過とともに目立ってきた。

動作課題を通してのかかわりについては、「おいで」という誘いにはスムーズに応じてくれ、あぐら座位の姿勢を取ってくれた。が、いざ、動こうとすると途端に困難そうな表情をみせた。動作上は股関節、体幹、肩、膝、足くび等、さまざまな部位に多方向への過緊張が見られた。そのこともあり、膝立ち、立位などの重力に応じて身体を位置づける動作や姿勢の保持に難しさが目立って見られた。また、ひとつの課題への取り組み方も、注意が続かなかったり、精神的な努力が続かなかったりと不安定な様子であった。

以上のような様子から、動作課題を通した初期のめあてを次のように設定していった。

・あぐら座で、援助にあわせて過緊張の部位を動かそうとすることができる。

・重力に応じた姿勢の中で、しっかりと踏みしめることが出来る。
・課題の中で、トレーナーの意図や自体に注意を継続して向けることができる。
主な動作課題は次の通りである。
・あぐら坐位での腰、背、肩面とするリラクセーション
・坐位―膝立ち、立位での踏みしめ
・上記二点の姿勢、及び片膝立ち、寝かせ―腕上げ動作を通した継続的なやりとり

(5) 訓練の経過（六月～二月までの期間、月一～二セッション実施）

踏みしめるにしても、継続的にやりとりするにしても、動作ということを通していく上である程度の緊張を取った方が効果的であろうと考え、まず、あぐら坐位で援助に合わせて少しでも動かせるようになってくれることから入った。初期においては、衝動的な表出を含めて抵抗感が強かった。が、三～四回目あたりから援助に合わせたり、自分での動きは少ないものの動かそうとしたりする様子が見られてきた。そのときは、課題中に衝動的な表出をみせることは極めて稀になっていた。同時に、母親の待ってという指示や移動中のドアを開けたりなどの衝動的な表出も見られなくなったという報告を受けた。思わぬ副産物として、便器に寄りかかって用を足していたのが、便器から離れて立ったままで用を足すことができるようになったという母親からの報告であった。ここまでの程度が導入期であったように思う。

次に、あぐら坐位で援助に合わせることが少しずつでき始めたころから、背反らせ、膝立ちでの立ち上がり、立位での膝の屈―伸ばし、及び寝かせの課題を中心としたやりとりに徐々に変えていった。腰という部位がそれなりに動かせるようになってきたことで、その他の姿勢での動作も援助に合わせて動かすことができるようになっていた。そこで「始動」及び「終点時の静止動作」を援助に合わせて制御していくことをねらいとしていった。始動については

デモンストレーションを必ず入れるという手続きを踏んでいくことで、ガクガクというようなぎこちない動作は早い段階で見られなくなった。

静止動作については、時間的に長くなると（一〇秒以上）モゾモゾイリイリが目立ち始め、その制御が援助で瞬間瞬間はできるが、また動き始めるといった様子で続いた。この時期になると、おもちゃで一時間程度ひとりで遊べたり、話がうまく伝わらなくても伝えようと試みて、ダメだったら立ち去ったという様子に変わったとのことであった。相談室では型はめなどの遊びをしているときも、以前のうまくできないと次の物へ対象を変えるという様子から、いろいろ工夫して自分でやりとげようとする様子に変化してきた。全体的に、対人関係の取り方として言葉でやりとりしようとすることが目立って増えてきたようだった。

さらに、静止動作とリラックス（緩めるより体験としてホッとする感じ）を中心に用いた課題を主に進めていった。その中では主に、他者視点とより自発的な動作制御ということをねらいとしていった。この時期の新たな展開として、相談開始時はトレーナーとのやりとりに対して葛藤という感じであった。そのことの違いとして、トレーナーへ挑戦する行為という表出であったのが、この段階では、自分の身体への緊張を強めたり弱めたり、あるいは、フウーという感じで気持ちを整えてみたりといった表出で、トレーナーに伝えることが目立って増えてきた。この時期になると、机上での学習が成立する程度に、状況や他者との関係において自己を制御することができてきた。時間的には三〇分程度、課題はカードを使った状況を表す言葉の理解、書かれた言葉に親しむこと、及び音韻操作能力の初期レベルの学習を行っていた。父親の仕事上の都合で、ここで訓練そのものは終了した。

経過の考察

初期のやりとりの難しさを越えることを二人の間での共同作業として挑戦していったことが、あとあとの訓練や本児の行動の変化にとってはよかったのではないかと考えられる。特に本児のように、衝動性が目立つこの場合は、やりとりの見栄えに気をとられ、「なあなあ」の訓練関係で進めていくことは、その後の展開を難しくしていくことの方が多いように体験上思える。

次の段階として、やりとりの始めと終わりを明確にしていったことが、むやみな心理的緊張とそれに伴う衝動性を抑えた要因ではないだろうかと考える。これはひとつの動作課題の中のみならず、一連の動作課題を継続していく中でも言えることである。また、それと同時に、言われたことのみに応答していく関係だけでなく、自らその課題の解決を考えて行っていくというより自発的な応答関係（他者視点とでも言うような）を構築していくことが課題の中でも大切になってくると考える。

さらに課題を進めていく過程で、静止動作ともいうべき課題を通して（その姿勢を保持する、まさに動きたくなる直前で動作を制御していく）、状況に合わない衝動性や不注意とでもいった行動を制御することを獲得していくことが次の段階としても大切になると考える。

まとめ

衝動性、不注意性、多動性といった用語で表現される子どもたちであるが、裏を返すと、衝動性は行動力、不注意性は興味関心の高さ、多動性は活動性の高さとも言えるのではないかと思える。すなわち、これらの行動の全部が好ましくないというよりは、状況や相手との関係においてコントロールできるようになればいいのではないかと考えた方が、発達的な視点からすると好ましいのではないかと思われる。動作法を始めとしてさまざまなアプローチがあるがおうおうにして、あまりにも大人の都合や周囲の都合に合わせた行動基準に子どもたちを当てはめてしまう危険性をもはらんでいるように思える（ただし放っておいたらいつか落ち着くという考えは正しくないと考える）。言い換えると、さまざまな方法を用いてアプローチしていく大人側が、子どもの視点から子どもの行動の難しさや困っている部分を理解していくことが大切ではないかと考える。また、今の子どものおかれている状況にアプローチしていくのではあるが、その根底には、その子の生きていく上での時間軸に視点をあてて、求めるところ、それを実現するための課題（動作課題を含めて）を設定していくことが、この子たちにとってとても大切であると思われる。

（ふぇにっくす第五八号　二〇〇一年）

六　発達障害臨床におけるアプローチ

井上久美子

はじめに

腕をゆっくりと動かしていく中で、子どもたちが援助者の目をじっと見ながら、援助の動きを止めて、腕を上げようと応じてくる、このような動作が子どもと援助者との二者間の「今、ここでの」やりとりの中で実現されていくとき、何とも表現できないような喜びを感じます。言葉を通したやりとりだけでは、うまくコミュニケーションを取ることが難しいと感じられる子どもであっても、「動作」という媒介を通したコミュニケーションになると、「意図が伝わり応じてくれた」と援助者が感じる場面が多く見られるようです。それは、動作法では、動作がコミュニケーションの手段として言語より直接的で明確であり、子どもたちにとって「今、相手から何を求められているのか」がわかりやすいということが挙げられます。そのため子どもたちにとって援助者がどのような意図をもって自分たちに働きかけているのかが身体を通して直に感じ取ることができるのです。発達障害児のための動作法について、針塚（二〇〇二）は、「動作を通して障害児と関わり、障害児の心の活動のあり方に働きかけ、その働きかけに適切な対応が出来るように援助する方法」と説明しています。子どもたちは動作という一定の課題を遂行していく努力過程において、動作に伴って自分の中に起こるさまざまな感情や考えを適度にコントロールしながら、援助者が求める動作を実現していく、その努力体験が目指されていきます。

動作場面における、「今、ここで」のさまざまな〝感じ〟の体験

このような動作課題遂行における努力体験を実現する過程において、子どもたちはからだが弛んだという弛緩感や、落ち着いたという安心感、意図通りに動かせたという主動感などの肯定的な感じ、一方で思うようにコントロールすることが難しいという困難感、ときには援助との動きが一致しないことに伴う苛立ち感、速く動かしてしまいたいという焦燥感といった否定的な感じをも含んださまざまな「感じ」の体験をもつと考えられます。発達障害児に対する動作法において、このようなさまざまな「感じ」が、動作に伴ってどのように体験されているのだろうかと、援助で当てている手を通して、または子どもたちの表情や動きから思いを巡らせ理解していく視点は援助者にとって重要になると考えられます。

筆者が担当したまさる君（仮名）との動作面接過程においても、まさる君にとってさまざまな「感じ」が体験されていったように思われました。そこで、まさる君との動作面接過程を通して、動作法体験の変容過程について考えてみたいと思います。

動作法面接の過程―自己コントロール感を促した事例について―

まさる君は、小学校高学年に在籍しており、「ＡＤＨＤ」と診断され、また「アスペルガー障害疑い」という診断もされていました。まさる君は、同年代の友達に対して関わりたいという気持ちは強いものの、その関わり方が一方的になってしまったり、逆に意見を極端に引っ込めてしまって何も言えなくなったりと、同年代の友人に自分をどのように表現してよいか分からず、本人自身も困っていました。

(1)動作アセスメント

まずは、あぐら坐での肩の上げ下げ課題を行ないましたが、肩だけを動かすことが難しく、腕にも過剰に力を入れて肘をまげながら肩を上げていました。肩だけを動かすようにという支援者からの要求に何とか応じようと努力をしますが、腕などのほかの部位に力を入れずに肩だけを上げるという動きをすることは難しい様でした。そして課題が難しくなると、「クイズ出そうか」と言い出して動作の課題から逃れようとしたり、課題の途中で「もう終わった」と言って一方的に課題を終えようとするなど、課題を持続することの難しさがうかがえました。

次に、腕上げ課題を行いました。援助者から〈一定の速さで〉と伝えると、まさる君は援助者の言葉を意識しすぎたのか動かす腕に余分な力を入れ、その結果途中で動きが完全に止まってしまい、適度に力を入れ続けるというコントロールが難しい様子でした。これらの動作の様子から、①相手の要請に合わせて動きを調整することが難しく、適度に力を入れたり抜くといった自己調整が難しいこと、②課題が難しくなると動作への集中が逸れてしまい、課題を終えようとするなど集中の持続が難しいこと、③「力を抜いてほっとする」といった身体の感じをじっくりと味わうことが難しい様子がうかがわれました。

(2)援助の見立て―日常生活における体験のあり方と動作場面での動作のあり方から―

まさる君は、日常生活の友人関係の中では気持ちを抑制するか一気に表出してしまうという極端な行動をする傾向があります。このことはまさる君が動作課題に取り組む中で、素早い動きで応じるか、逆に意識して動きが止まってしまうという自己調整が難しい動作のあり方と重なるように思われました。日常生活において友人の間で自分の気持ちを適度に表現することが難しいというあり方が、動作場面における動作のコントロールの難しさ、自分の動作に伴うさまざまな実感の気づきにくさと繋がるように感じられました。

そこで、①ゆっくりとした動作の中で動作に伴って起こるさまざまな感じに気づいていくこと、②衝動的な側面に対して、唐突に動きたくなる状態や気持ちに気づき、それを自分で動作を通して制御できる感じをもてるようになることを目標に置き面接を開始しました。

ここでは、動作法体験の変容過程がわかりやすいように、肩の上げ下げ課題におけるまさる君の動作法面接過程にしぼって報告したいと思います。

(3) 動作法の面接過程―課題に向き合い、乗り越えていく体験―

動作法体験（1）（動作への集中～動作コントロールの困難感）

まさる君は、援助者の援助を手掛かりに肩をゆっくりと上げる動きを繰り返すうちに、ゆっくりと肩だけを上げることができるようになりました。そして、〈背中はまっすぐのまま肩だけ動かそう〉と声かけをすると、自分で背中を屈げないように意識を向けてコントロールしながら肩だけを動かせるようになりました。

しかしながら、肩の力を抜きながらゆっくりと下げることはまだ難しく、カクカクと急いで下げようとしました。また、肩を下げた後は、援助者がまさる君の肩に手を置いて、しばらく肩の力が抜けていく感じを味わってもらおうとするのですが、「あのね……」と動作とまったく関係のないクイズの話をしてくるなど課題から注意が逸れていました。

このようなあり方から、自らの動作に意識を向け課題に集中しようとする努力をするが、課題が難しくなると、ゆっくりと動かすという動作コントロールが難しくなり、急いで動かすことで応じようとする様子がうかがわれました。そして、課題を通して力が抜けたことに伴うリラックスした感じといった快適な感じをじっくりと味わう様子は見られませんでした。

そこから、動作法のセッションを続けていくにつれて、まさる君は動作にもっと長く集中できるようになり、本人にとって課題が難しくなっても課題から逸れることなく、その難しさに向き合って乗り越えようと挑戦するようになりました。具体的には、肩を下げる際カクカクと急いで下げようとするときには、「今動きが速くなった」と言って自ら気づき、そこからゆっくりと肩を下げようとコントロールするようになりました。

しかし、肩をまっすぐに上げるように伝えても、彼にとって動かす方向の微細な調整となると難しく、まさる君は途中で肩を内側に動かし、自分でも「途中から内側に入った、難しい」と困難感を述べていました。そこで、援助者がまさる君の肩に手を添えて動きの方向を修正した援助を行うと、まさる君は思うように動かせないことに焦り、援助者の援助を無視して何度も肩を動かして応じる場面がありました。そのためますます肩を内側に動かしてしまい、「難しい、眉間がじんじんする」と言って苛立った表情をしていました。

このように、課題には集中する感じがより継続して見られるようになり、課題の途中で注意が逸れてしまうことはなくなりましたが、動作コントロールが難しくなると、そのできない感じに、気持ちが焦り、苛立っているようでした。

動作法体験（2）（主体的な動作コントロール感〜自体動作への確信）

その後のセッションでは、引き続き肩をゆっくりとまっすぐに上げて下げていくという動作コントロールを課題としながら進めていきました。援助者が肩をやや開いてまっすぐに上げるように方向づけて援助を行うと、「あ〜、しょぱゆい」とややいらいらしたように言いました。援助の手からまさる君が、気になる肩の付け根にこだわって肩を内側に上げようとしている動きが感じられたため、援助者が「ここらへんが気になるの」と肩の付け根を指で示すと、まさる君は「そう」と頷きました。そこで、援助者は「気になるところはあるけれど、それを置いておいて肩をまっすぐに上げられる」と尋ねると、まさる君は頷き、まっすぐに上げようと取り組むようになりました。そして「最近、こういうふうに気になることが多い」と日常の自分のあり方と重ねて述べました。その後は、内側に動かそうとする動きも出るが、援助者のブロックする援助を手がかりに、肩の位置をまた自分から戻し、まっすぐに動かすようにコントロールする努力が見られるようになりました。まさる君は、自分でも「前に行ったり後ろに行ったりぎざぎざ動く」と自分の動き方を正確に意識し、そこからまっすぐに動かすという目標に向かって努力するようになりました。苛立つ感じをコントロールし、気になることがありながらも、それを自分の心の中におさめながら、課題を遂行しようとする彼の主体的な態度が、援助者にも感じられるようになりました。

そのような主体的な態度が見られるようになるにつれ、まさる君は援助者に対して「今のは先生の援助が強かった」など援助者の援助に対して不一致感を伝えてくるようになりました。しかし、そのようなまさる君の援助に対する要求も、まさる君の身体の動きの感覚がはっきりとしてきたからこそ起こってきた不一致感のあらわれであり、またそれを言葉にして援助者に伝えるという体験が重要だと考えられました。そこで、その後のセッションでは援助者も援助を修正しながら、まさる君と一つ一つの動作を確認しながら面接を進めました。

その後のセッションでは、お互いに今のからだの状態からどこを弛めたいのか一つ一つ確認しながら、課題を進めていきました。援助者が肩甲骨をおさえて、まさる君に自分で肩を上に動かしてもらうと、自ら動きを止めて、肩の緊張をしばらく味わっているようでした。援助者が、「あ、ここかな?」と手で触れながら尋ねると、まさる君は「そう、そこが痛い」と述べ、ゆっくりと自分で力を抜きながら肩を下げました。一度目は肩を内側に動かして下げてしまい、うまく肩の緊張を抜くことができませんでした。しかし、以前のように苛立ったり焦るような表情はありませんでした。そして自ら「まだかたいな」と肩の感じを述べました。「もう一度挑戦してみよう」と援助者より伝えると、再び目を閉じて肩をゆっくりと上げていき肩の緊張を探し、今度は肩が内側に入らないように、自分でコントロールしながらまっすぐに肩を下げて力を抜くことができました。その後、肩を一人で動かしてもらうと、目を閉じながら肩の動きを確かめるようにゆっくりと動かし、「肩が軽くなって気持ちがいい」と穏やかな表情で感想を述べました。

(4) 動作面接場面におけるさまざまな「感じ」の体験過程

鶴（二〇〇七）は、クライエントにとって課題達成場面のものである動作体験においては、動作に伴ってとまどい感、非現実感など日常生活における体験様式のすべてが現れると説明しています。

まさる君との動作面接の過程でも、そのような彼が日常で、特に対人場面において体験しているであろうさまざまな「感じ」が動作法の中で再現されていたように思われました。

それは、特にまさる君にとって課題動作の実現が難しく、困難さを感じるような場面で再現されていたようでした。まさに、彼にとって動作を通して自分自身の内面と向き合う時間となっていたのだと思われます。インテーク時、まさる君は課題に集中を持続することが難しく、特に課題が難しくなると「もう終わった」と一方的に課題を終えようとするなど、困難な感じにじっくりと向き合っていくことは難しいようでした。一つ一つの課題の中でじっくりと自分のからだの感じを味わう様子も見られませんでした。

その後、セッションが進むにつれ、まさる君は難しい場面になっても動作課題の途中でやめてしまうなど課題から離れてしまうことはなくなりました。動かし方も肩を急いで動かすあり方から、ゆっくりと上げることができるようになり、自分の動作に集中するようになりました。しかし、ゆっくりと肩を下げてほっと力を抜く気持ちよさをじっくりと味わう感じはあまりありませんでした。

そこから、「今動きが速くなった」と自らの動かし方を意識しながら肩をゆっくりと下げることができるようになりました。しかし、まっすぐに肩を上げ下げするという微細なコントロールが難しく、そのような困難を感じる場面になると、いらだった表情になり焦って肩を動かし、援助者の援助を無視して一人で動かそうとするといった様子が見られました。この時期、彼は日常での対人場面において、学校の級友との間で何か辛いことがあると、相手に言葉ではうまく表現することができず、我慢の限界になると手を出してしまうといった一方的な行動として表現してしまうという話が聞かれていました。日常でのいらだちの感情をどう相手に表現し、そして対処すればよいのかわからず、表現が相手に対して一方的になってしまうあり方が動作場面での様子と重なるように思われました。

その後のセッションでは、まさる君は自分の思う通りの動作ができずいらだった表情になったり、気になる部位にこだわって身体を動かそうとしましたが、そのような状況に気持ちが焦ってしまうのではなく、課題遂行に集中しようと取り組むようになりました。そのように課題に主体的に取り組むようになるにつれ、援助者に対して「今のは援助が強かった」など意見を言葉で伝えるようになりました。そのようなまさる君の変化は、動作を通して感じられる身体の動きの感覚がはっきりしてきたからこそ起こったものだと考えられました。この時期は、日常でも親などの特定の相手に対しては激しく自分の気持ちを言葉で表現するようになるなど、まさる君の心の中で起こってくるさまざまな感情を、行動だけではなく言葉でも、何とか表現しようとする動きが見られた時期でした。

その後、動作場面の中で援助者はできるだけまさる君と一つ一つの動作を互いに確認しながら、じっくりと課題を進めるようにしました。するとセッションを重ねるにつれ、動作コントロールが難しい場面になっても、いらだったり焦ることなく、落ち着いた表情でゆっくりとした課題動作を実現することができるようになりました。そして、課題後も「気持ちがいい」と、力を抜いてほっとした感じを味わっているようでした。日常生活においても、家族との関係も折り合いがつき始め、他児との葛藤場面においても、強く攻撃するのではなく冷静に注意するという形で相手に言葉で表現できるようになった様子が見られるようになりました。

このように、動作の中での課題解決のあり方、すなわち自分の身体をどのように動かし自己調整していくか、そしてそれに伴い体験されるさまざまな「感じ」の変容体験は、日常生活における課題や他者との向き合い方と繋がって表現されていきます。よって、動作課題を通して援助者と向き合い、相手の援助を受け入れる中で、ときにいらだちや不安感などの感じを体験しながらも、そこから自分の動作の実現に向けて努力し、力を抜く気持ちよさや課題をやり遂げた達成感を援助者と共有していく一連の体験は、発達障害児との動作法において重要な体験となるのではないかと思われます。

子どもたちの〝動作〟を通して「今、ここで」どのような〝体験〟をしているか推測する視点

このように、発達障害児との動作場面においては、動作を通して「今、ここで」経験しているさまざまな感じが体験されます。そして、それを動作や表情などを通して援助者に伝えていきます。しかしその一方で、そのような子どもたちの体験している心のありようを理解することはとても難しいことだとも思われます。

以前、月例会で中学生の自閉症の男の子のトレーナーとして担当となり、動作法をしているとき、このような経験がありました。

その自閉症の男の子は、常に周りの動きを敏感に感じ取っているようで、からだにがちっとした緊張の構えをつくり、動作法場面以外の自由な時間では、その部屋を行ったり来たりして、何となく落ち着かない様子を示していました。その男の子は、自分の気持ちを言葉にして表現することが難しい男の子で、動作や態度を通してからだ全体で自分の気持ちを表現していました。

その後、動作法セッションとなったのですが、まだなかなか落ち着けずにいました。そのとき、援助者である筆者の方が「訓練を進めなくては」と気持ちが急いてしまい、課題を〝させよう〟と膝立ちの姿勢を無理にとらせてしまったことがありました。すると、その男の子は急に立ち上がり、険しい表情で援助者を強く押し、援助者の顔を引っぱるという行動を示しました。

実は、その直前に仰臥位での腕の上げ下げ課題を行っていたのですが、そのときに彼は手の平にぐっしょりと汗をかき、腕全体にがちっと力を入れて、それでも何とか援助者の要求に応えようと、彼なりに足早に動かすあり方ではあるが、課題に応じてがんばっていたのです。そのような彼なりのがんばりに気づかず、援助者の方が課題をしなければと気持ちが先行してしまい、子どもの応じている気持ちを受け止めることができていなかったのです。その後、SVが援助に入り、SVの彼に対する援助を観察する中で、自分の援助は動作から彼の内面の情動状態を理解しようとする視点をもてていなかったことに気づきました。

その後、援助を見直し、子どもの動作のあり方から現在その男の子がどのようながんばり方をしようとしているのか、そしてどのような「感じ」を味わっているのだろうかと、援助をしている手、子どもの表情、援助者に対する彼の態度から感じ取り、訓練を進めていくように努力しました。すると、彼の動作のあり方が確実に変わってきました。具体的には、腕上げ課題の中で、それまでの「早く課題を終わらせよう」という足早に腕を動かそうとするパターン化した動かし方から、援助者の働きかけの意図に応じて速さをゆっくりと調整しながら腕を上げようとする動かし方ができるようになりました。それに伴い、腕全体にがちっと入れていた力をあまり入れないようになり、手の平にぐっしょりとかいていた汗も、あまりかかなくなりました。

これらの一連の体験は、援助者自身が子どもたちの動作を、動作の「形」ではなく「心の動き」として理解しようとする視点、そして体験をともにしようとする視点がいかに大切であるかをあらためて気づかせてくれた貴重な体験となりました。このような「動作」から体験を推測するという視点が、動作の課題が単に〝できた‐できない〟という遂行結果の可否ではなく、動作課題に対して取り組んでいる過程を共有しようとする援助者の態度に少しずつ繋がっていくのではないかと思われます。

今後、発達障害の子どもたちに動作法を通して向き合っていく中で、「動作」を通した「心のやりとり」を積み、子どもたちの発達を見守っていけるような援助者を目指していきたいと思います。

（ふぇにっくす第六八号　二〇〇八年）

文　献

針塚　進　二〇〇二　障害児指導における動作法の意義　成瀬悟策編　講座・臨床動作学3　障害動作法　学苑社
井上久美子　二〇〇八　対人場面における不適応を示すＡＤＨＤ男児に対する自己制御感を目指した動作面接過程　リハビリテイションン心理学研究、三四（一）（二）、四七—五七

鶴　光代　二〇〇七　臨床動作法への招待　金剛出版

七　動作法によるダウン症乳児の早期指導

田中新正

一九九二年「ふぇにっくす」四一号の特集「臨床動作法の実際」に「ダウン症児への適用」というタイトルで、動作法から見たダウン症の特徴や動作法による指導について紹介してから一二年が経ちました。この間大分での「ダウン症発達支援キャンプ」や月例会・週例会、それに他県での研修会などで多くのダウン症児・者に動作法を通して出会うことができました。その出会いの中で、あらためてダウン症についていくつかのことがわかってきました。そこで、今回はダウン症にとって最も大切な乳児期の早期指導について現在考えていることを紹介します。

○歳児でも特徴的な緊張が見られる

以前も紹介しましたようにダウン症にも、Gパターンを形成している腰部位で、股関節⑥を伸ばす方向に障害をもたない乳児と同じ緊張が見られます。ところが生後三ヶ月ごろのダウン症乳児には、伸ばすのとは反対に股関節を屈げるとき、腰⑤に反る緊張と股関節⑥に屈の緊張が見られることがわかってきました。このことからGパターンに見られる新生児性筋緊張は、胎内姿勢を維持する緊張が屈方向だけではなく、反る方向も含む両方向への動きと関連していると考えられます。ダウン症乳幼児は、股関節開きの低筋緊張とこの腰の反り方向の緊張のため、四つ這い姿勢が難しく、ずり這いから高這いになる症児が多いのもこのためであると考えられます。そしてその緊張を残したまま立位を取るため、O脚で出っ尻になり、歩行が可能になった後も股関節⑥の屈げ伸ばしどちらにも緊張が見られるのだと思われます。

これまでは、ダウン症乳児の腰の反りの緊張は、うつ向き姿勢が長く続くことによるものだと考えていました。頸の座りが遅いダウン症児に対して、頸の力を鍛えるために「赤ちゃん体操」をはじめほとんどの指導法に取り入れられていましたし、うつ向き姿勢による指導のためだと考えてきました。それは、早期から動作法以外の指導を受けていたダウン症乳児に特に見られる特徴であったからです。特に都市部で早くから指導を受けていた乳児に、腰部位に強い反りが見られ、坐位動作の獲得が遅れる乳児が多く見られました。

その場合は、頸の反りも強くなり、坐位姿勢が取れるようになっても顎が出た姿勢になる乳児が多く、頸椎の問題をもつケースが多く見られました。

ダウン症乳児の腰⑤の反りに対する指導方法

(1) 仰臥位姿勢で、両膝を真ん中で曲げる方法

トレーニーを仰臥位にして、トレーナーはトレーニーの両膝を両手でもち、お腹のほうに上げていきます。反りの強いトレーニーほど上げていく途中の抵抗が強く感じられます。そのときは、抵抗の見られたところでしばらく待ちます。トレーナーの援助する力の方向としては、肩方向への上方向ではなく、腰部位のやや斜め下方向に援助を行います。少し力が抜けたら少し戻し、また同じように斜め下方向に援助します。これを二〜三回繰り返します。

(2) 左右両側に曲げる指導方向

両脚を同じように両手でもって、援助を真ん中方向ではなく左右斜め方向に上げて左右別々に指導を行います。膝を斜め方向に上げた側の腰の反りの緊張を弛める指導になります。寝返りなどの動作がまだ見られない、三ヶ月前後の乳児期でも左右差が見られます。

(3) 側臥位による指導方法

トレーニーに側臥位姿勢を取らせ、躯幹の捻りの援助と反対に上体を留め、膝を曲げて股関節部位を内側方向に向けて援助する。上体は腹部④をトレーナーの手で前に行かないように留め、もう一方の手で後ろから股関節⑥を前方向に援助し腰⑤の反りを弛めていきます。

(4) 坐位姿勢による指導方法

トレーナーは楽座姿勢で座り、乳児を背後から抱っこをする形で座らせます。乳児の後頭部をトレーナーのみぞおち辺りにあて、乳児のお尻をトレーナーの体から少し離して座らせ、トレーナーの手を乳児の腹部に軽く当て腰⑤を反らさず屈方向に力を抜くように援助します。

乳児が顎を上げ頭を反らさないようにトレーナーの上体で援助して、乳児が全身をリラックスしてトレーナーの体に身をゆだねられるように援助します。このとき、顎を引くのであって頭が下に垂れて喉を閉めないように注意して援助することが大切です。ダウン症は瞬間的に力を抜くことはできますが、力を抜いた姿勢を持続することは苦手です。できれば、三〇秒以上楽に弛めたままでいられるようになることが望ましいです。①と⑤の反りの力が弛められるようになると、坐位姿勢を取らせたとき顎を上げて前に潰れたようになることがなくなり、腰⑤が折れてあぐら坐位が取り易くなります。

ダウン症乳児の股関節⑥の屈に対する指導方法

仰臥位姿勢の乳児の尻の下に手のひらを上にして片手を置き、もう一方の手で乳児の両膝を人差し指を間に入れて上からもちます。下の手は添えているだけにし、上の手は膝を踵方向に伸ばす感じの援助をします。少し弛む感じが出たら一度戻し、もう一度伸ばす援助をします。これを二～三回繰り返します。

体重が七～八キロになったら手のひらの代わりに、トレーナーが楽座の姿勢を取り、両足のかかとを合わせその上に乳児の尻⑥をのせ、乳児の両膝を両手で援助することができるようになります。

坐位姿勢以外の指導は、母親がおむつを交換するときに短い時間で行うのに適しています。坐位姿勢での指導は、父親がテレビを一緒に見ながらでも行うことができます。

ダウン症の原始歩行反射について

大学へ相談に来られるダウン症の多くは生後三ヶ月過ぎです。そのためダウン症の「原始歩行反射」については、反射が見られるのか、見られないのか、または障害をもたない乳児と同じくらいの時期に消失するかについては、確認することができませんでした。ところが、生後二ヶ月前のダウン症女児に出会う機会がありました。そのダウン症乳児には、しっかりしたは原始歩行反射が見られました。たった一例ですが、このことからダウン症乳児に原始歩行反射が出現することが確かめられました。そして、生後一ヶ月頃には消失している障害をもたない乳児よりも、遅くまで残っていることが考えられます。もし出生初期から動作法を行ったら、この反射の消失が早まるかどうかについては今後の研究に期待したいと思います。

寝返りの始まる左右差について

仰臥位姿勢における脚の曲げ伸ばしのスムーズ差については、生後三ヶ月でも左右差が見られます。伸ばすのが得意な脚の方向に寝返るのが、反対方向より早くできるようになるようです。ダウン症乳児では、寝返りが一方向しかできない時間が長いので左右差が観察されやすい。障害をもたない乳児も早くできる側の予測は可能ですが、一方ができると他方も二、三日中にはできるようになることが多く、判別が困難です。これはATNRで頭の向きやすい側の反対方向と一致し、首と腕・脚が関連していると考えられます。寝返りのできていないダウン症乳児に、首と躯幹・脚の指導をしたら、左右差の期間が短縮されるかについても今後の研究に期待したいと思います。

（ふぇにっくす第六二号　二〇〇四年）

八　ダウン症幼児への動作法の手順と留意点

菊池哲平

はじめに

大分大学の佐藤新治先生と田中新正先生のお二方が、ダウン症の人たちに動作法を行い始めたのは一九八三年のことですから、それから二〇年の月日が流れたことになります。以来、ダウン症児に対する動作法のさまざまな効果が報告され、その訓練法方法にも一層の工夫がなされてきました。今回の特集の中で、田中新正先生が生まれたばかりのダウン症の赤ちゃんに対する早期指導について詳しく書かれていますので、この章では、座りはじめから立ちはじめぐらいまでの乳幼児期のダウン症のお子さんに焦点を当てて、実際の動作法の手順や留意点について考えてみようと思います。

ダウン症のお子さんの姿勢と実際の訓練課題

ダウン症のお子さんはフロッピー・ベイビーと言われるほど、筋緊張が弱いと言われてきました。実際に、生まれたばかりのダウン症の赤ちゃんは、身体がグニャグニャな場合が多いようです。特に股関節はそうした特徴が顕著で、股開きなどが楽々できるのが特徴です。ところが年齢が上がるにつれて、そうした筋緊張低下は徐々に解消されるどころか、年長になればダウン症児は健常なお子さんよりも強い緊張を示すようになります。これは現在でも誤解が多いことですが、赤ちゃんのときのグニャグニャな身体を見て、「ダウン症は筋肉が弱い」と紋切り型に決めつけて、筋肉トレーニングのようなことを積極的に試みる人たちがいます。しかしながら、こうしたむやみな筋肉トレーニングは、かえって不適切な身体の使い方を助長してしまうということから、最近はあまり行われなくなりました。かわりに、身体の使い方についての意識的な学習訓練が積極的に行われるようになりました。

その点でまさに先見の明と言うべきですが、動作法はその開発時から、身体の適切な使い方についての学習という観点からダウン症児に対して訓練を行ってきました。ここでは、こうした訓練の中でもよく行われる「仰向けでの訓練」「坐位訓練」「立位訓練」「側臥位での訓練」の四つを紹介したいと思います。

(1) 仰向けでの訓練

ダウン症児のお子さんを仰向けに寝かせると図1のように、脚を股関節と膝関節で屈げて、脚を開いて側面全体を床に着ける、いわゆる蛙肢位と言われる姿勢を取ることが多いようです。こうした姿勢パターンを覚えてしまうと、立位や歩行をするときに、腰が引けて出っ尻になり、脚を反張させるという多くのダウン症に特徴的な姿勢を取ることになってしまいます。そこで、お子さんの脚を真っ直ぐにした状態で腰を入れる訓練を行います。図2のように、お子さんの脚を真っ直ぐにしながら、腰やお尻の下にトレーナーのかかとを差し込んで、腰や股関節を弛めます。このとき脚を真っ直ぐにすると、お尻が後ろに引けてきて股

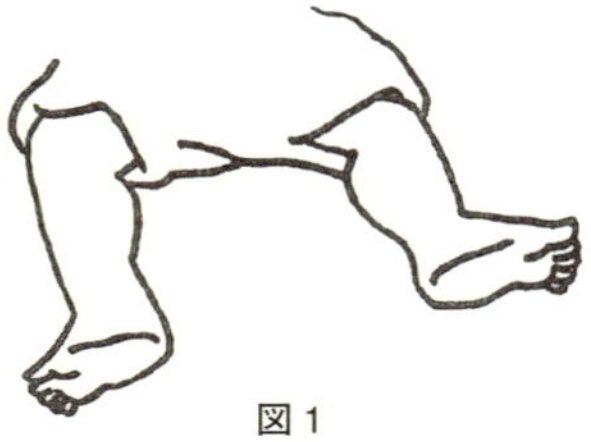

図1

図2

関節を曲げようとしますので、それに合わせてゆっくりと負荷をかけてあげます。決して無理な力で押さえようとせず、じわっと押さえるのがこつです。

次に腰部位の適切な緊張を引き出す訓練を紹介します。脚を膝と股関節で屈げて、背中の下のほう（動作法では五番といいます）を丸くしながら、徐々に援助していきます（図3）。この時、脚が外向きに開かないように注意してください。お子さんが慣れてきたら、左右へ捻る方向へも行います。子どもが楽しく訓練できるように、リズミカルに「キュッキュ」としてみたり、「ジワーッ」と時間をかけてみたり、いろいろと工夫されるとよいと思います。

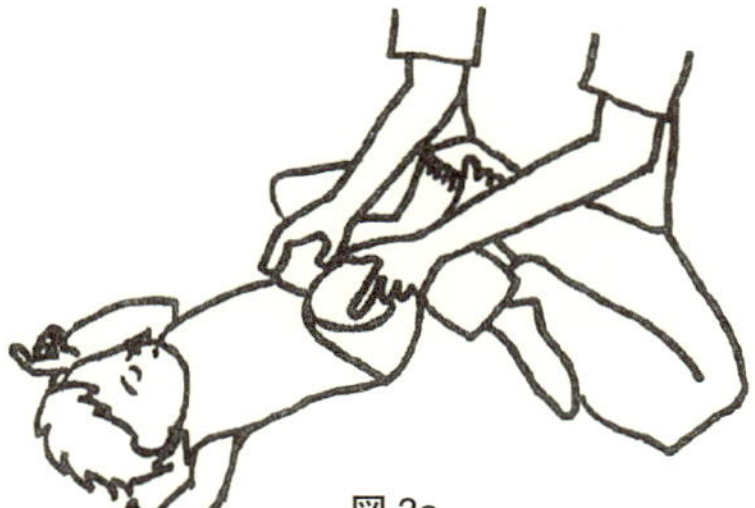
図 3a

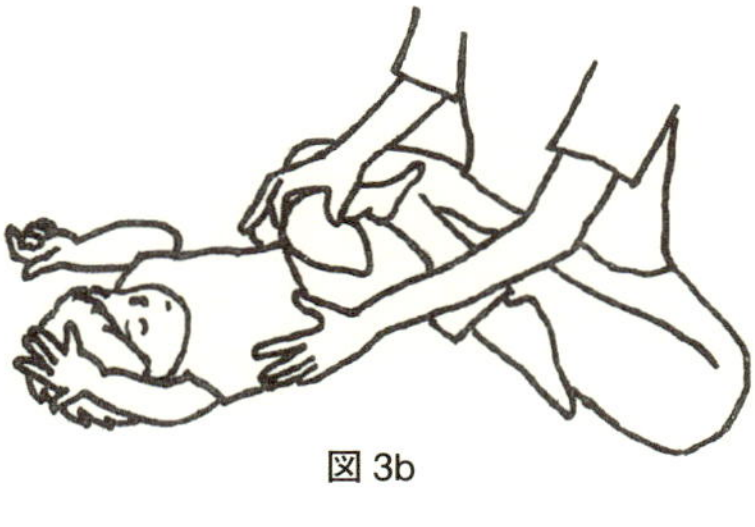
図 3b

(2) 坐位訓練

次に、坐位の訓練を紹介します。首が座ってきたダウン症のお子さんを床に座らせると、脚を突っ張って座ることが多いようです。これは、腰の力で自分の上体を支えるということをまだ覚えていないため、どうしても脚を突っ張らせて三脚のようにして座りたがるようです。

動作法では、基本的に「あぐら」で座るのが最もよい座り方だとされています。これは肩や背中などに余計な力が入らず、腰で踏ん張る感覚が最も出やすい座り方だからです。よってダウン症のお子さんに対する訓練でも、あぐらで座れるように働きかけていきます。

まず、脚を組ませて座ってもらいます。腰に力が入らないお子さんだと、前に伏せるように倒れ込んだり、後ろに寄りかかってきます（図4）。そこで、トレーナーが腰を支えてあげながら、腰部位に力を入れるように働きかけていきます。わずかでも腰に力が入ってきたら、少しずつ援助を少なくしていきます。このときの留意点としては、脚をピンと突っ張ったりしないようにしてください。あくまでも脚の突っ張りの力で座るのではなく腰で座るんだよ、ということを教えるように心懸けてください。

さて、一人でお座りができるようになると、背中を丸めて座ってしまうお子さんが多いのもダウン症の特徴です。理学療法などでは、ダウン症は背中を反る筋力が弱いことがこうした姿勢の原因だとされ、うつ伏せで背中を反らせるという訓練をすることが多かったようですが、こうした訓練の結果、不必要に首や背中を反らせる力を覚えさせてしまい、頸椎脱臼を引き起こしてしまった例もあるようです。

動作法では、腰を真っ直ぐにお尻の上に乗せていないために、背中を丸めて重心のバランスを取っていることから生じている姿勢であると考えます。そこで、骨盤をしっかりと垂直にして腰から上体をもち上げるように、後ろから支えて真っ直ぐ座った姿勢をつくってあげます（図5）。このとき、お子さんが顎を突き出したりしないで、首の後ろが真っ直ぐになるようにして下さい。この真っ直ぐに座った姿勢がよい座り方なんだ、ということをお子さんがしっかり覚えられるように働きかけていきます。徐々に自分で力を入れてきてこうした姿勢が取れるようになったら、首、背中、腰というように、上から順番に援助をはずしてあげるとよいようです。

また、この時期のダウン症のお子さんの特徴として、いわゆる高這いと呼ばれる腕と脚を突っ張ってお尻をもち上げた姿勢での四つ這いが多く見られます（図6）。

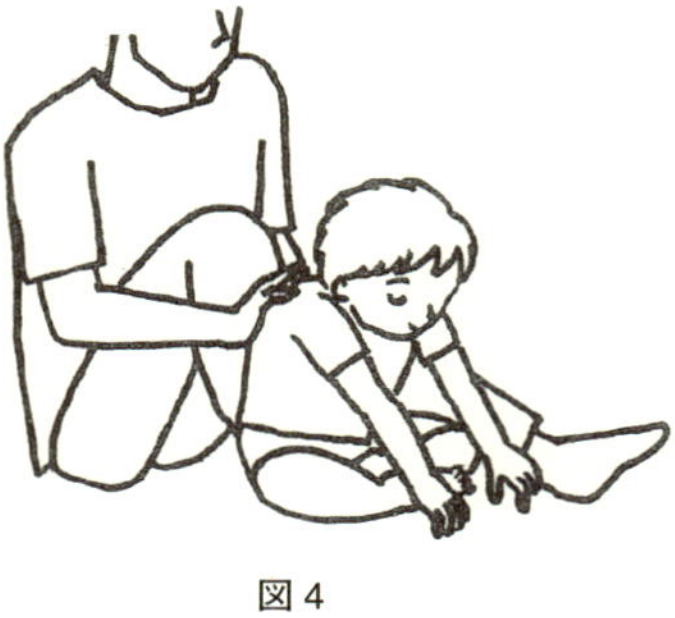

図4

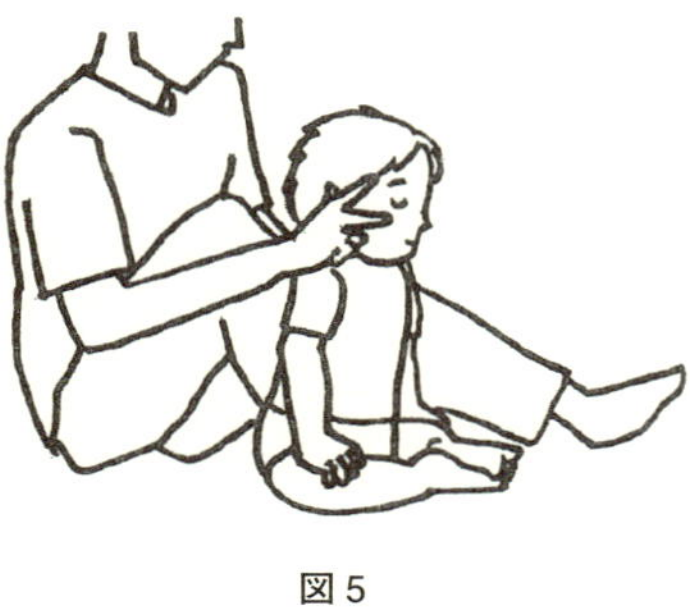

図5

これは股関節部位の低緊張の影響で、両方の脚を垂直方向に立てて地面を踏みしめる力を学習できていない結果であると思われます。こうしたダウン症のお子さんに特徴的な高這い姿勢は、出っ尻などの不適切な身体の緊張を弛め、一方で腰部位から下肢における地面を踏んでいく力を教えていくことで改善していきます。通常の四つ這い姿勢を取るようになることも多いようですので、こうしたハイハイの姿勢にも注意して気を配ってください。

⑶立位訓練

立位の訓練では、脚を開いて逆ハの字にならないようにすることと、腰が引けて出っ尻にならないように注意することが大切です。図7のように、お子さんの背後から腰が引けてしまわないように支えながら、自分の力で立位を保持することを覚えてもらいます。お子さんが力が抜けて倒れてしまわないように、十分に注意しましょう。

続いて、しっかりと足の裏で踏みしめる訓練を行います。腰が入っていないお子さんは膝をピンと伸ばして反張になってしまうので、脚を逆ハの字に開かないように膝をトレーナーの脚で援助して、もう片方の脚で踵をつけるように援助します。そして腰が引けないように援助しながら地面を踏みしめる方向へ少しだけ負荷をかけてあげましょう（図8）。このとき、足の指側のほうへ体重がかかるように、少しだけ前傾姿勢になるように心懸けてください。

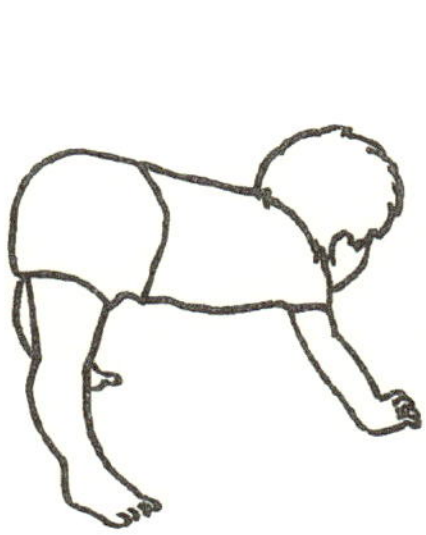
図6

図7

図8

腰が引けないようになってきたら、左右への重心移動を行います。右（左）へ重心をずらしていったときに、お尻の引けが出てくることがありますので注意してください。この場合もできる限り足の指側で踏みしめるように、少しだけ前傾させるように心懸けてください。

坐位やハイハイなどで腰や脚の力がはっきりと力強くなってきたお子さんは、そろそろ立つための準備はできていると思います。しかしながら、どうしてもなかなか一人でバランスを取って立つという段階まで行くには時間がかかるようです。立って歩けるようになるというのは、ご両親にとっても待ち望んだ成長であると言えますが、その分だけ、なかなか一人で立てるようにならないお子さんのお母さんは「うちの子はまだ立てない」と不安になることもあるようです。焦らずに構えながら、お家ではつかまり立ちなどができるようにテーブルや棚などをちょうどよい高さになるように工夫して、少しずつ立っている時間が長くなるのを待つことが大切です。

側臥位での訓練点

立って歩き回るようになると、バランスの悪さが目立つようになる子どもが多いのも、ダウン症のお子さんの特徴と言えるでしょう。これは、全身に力を入れて踏ん張ってしまうので、脚を突っ張って上体を固定したままドタドタと歩いているためです。そのまま歩かせていると全身が固くなり、特に腰の動きが非常に出にくくなってきます。そこで、躯幹や腰部位の動きや体側と呼ばれる脇腹を伸ばす訓練を行って柔軟性のある身体にする必要があります。

具体的には、側臥位での訓練が効果があるようです。図9のように、まずお子さんを横向きに寝させて、腰部位を止めてお子さんの背後から躯幹を捻る方向へ前後へ伸ばしていきます。このとき、援助する方向をお子さんの頭上に向けたり、腰方向へ向けたり

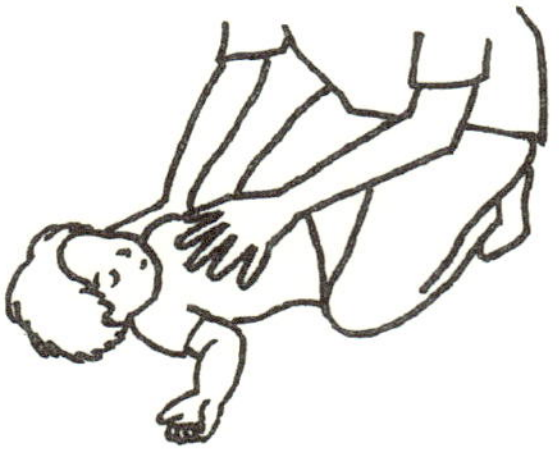

図9

して、弛める箇所を丁寧に変えていくと効果的です。この際の留意点としては、決して無理な力で押したり引っ張ったりしようとせず、ゆっくりと援助していくことが大切です。また、背中を反らせてしまうお子さんが多いので、腰部位を止める位置を微妙に変えながら背中が反らないように弛めていきます。さらに、お子さんの手を頭上に引き上げながら、体側を充分に伸ばしていきます（図10）。

この訓練を行うと、坐位や立位がかなり安定するようです。特に左右の重心移動などがスムーズになるため、結果として歩行もかなりバランスが取れるようになるようです。この訓練は最近盛んに行われるようになったため、より具体的な方法や効果については今後の検討課題だと思います。

図10a

訓練をする時の留意点

ダウン症候群は二一番目の染色体が一本過剰である染色体異常ですので、その診断は生後間もなく行われることがほとんどです。ご両親からすれば、その分だけ、赤ちゃんのときからたくさん療育や訓練を受けさせたい、と思われるのは当然でしょう。私が訓練を行っている訓練会や相談所にも、生後三、四ヶ月位から訓練を受けに来られているダウン症の赤ちゃんがいらっしゃいます。ですが、「早ければ早い程よい」という訳でもなくて、お子さんの状態をよく見ながら、訓練のペースや方法などを考えていかなければなりません。一番にまず考えなければならないのは、合併症の有無です。ダウン症の子どもにはさまざまな合併症があるのが知られていますが、それらをまとめたものが表1です。

図10b

これを見ると、心疾患が四〇％のダウン症のお子さんに見られることがわかります。そのうち約三〇～四〇％が心室中隔欠損、二〇～三〇％が心内膜欠損症と、中隔欠損が高頻度に見られます。こうした心疾患は、心臓の超音波検査により早期に心臓奇形の診断ができるようになっていて、また手術の際に用いられる人工心肺や手術の技術も向上していますので、乳児期早期に手術が行われることが多くなっています。しかし実際の訓練場面においては、やはり心疾患の程度により訓練課題を考慮しなければなりません。特に重篤な場合であれば、心臓に負荷のかかる立位課題や急激な姿勢の転換などは注意深く行ったほうがよいと思います。

またその他の合併症についても、もちろん考慮しなければなりません。ダウン症のお子さんは感染症に弱かったり、疲れやすかったりします。トレーナーは、お子さんの体調や様子に充分留意しながら訓練を進めていく必要があります。

私はできるだけ楽しい訓練を心懸けています。

表 1

	疾病名	ダウン症児の頻度（%）	一般小児の頻度（%）
神経・精神	てんかん	10	0.5 ～1
	アルツハイマー	30	5
血液	白血病	1.6	0.3
	一過性異常骨髄造血	8 ～10	（－）
心臓	先天性心疾患	40	0.8
呼吸	肺炎	30	?
	閉塞性無呼吸	0.1	
消化器	十二指腸閉鎖	3 ～5	0.06
	ヒルシュスプルング病	0.37	0.01
	鎖肛	1.5 ～9.5	0.01
	停留睾丸	10 ～30	2 ～4
内分泌	甲状腺機能低下症	2.4	0.01
眼	屈折異常	73	3 ～32
	斜視	20 ～40	2
	白内障	30 ～40	0.4
耳	難聴	70	0.05
	滲出性中耳炎	60 ～60	3
整形	環軸椎不安定	10 ～30	（－）

実際に、あまりに泣きが激しい場合などは訓練時間中抱っこしたり唄ったり手遊びをして過ごしたりすることもあります。この理由の一つは、いたずらにご両親の不安を高めないということと、この時期のお子さんは周りの大人からの愛情あふれるかかわりを通じて、周りの環境のいろいろなモノや事柄に対して興味・関心を拡げていくからです。ですから、訓練中には手遊びや模倣遊びなども取り入れながら、楽しい訓練関係ができるように心懸けます。こうしたかかわりを行っていくことで、動作法の効果も一層高まると思います。

またお母さんたちから「家では、どの訓練を、どのぐらいの時間行えばよいのでしょうか？」という質問をよく受けます。私はそのようなときは、お子さんの状態にもよりますが、お母さんの負担にならないように、ご自宅では最も基本になる仰向けでの訓練を、一日一〇分から一五分程度で結構ですので、お子さんがはっきりと起きていて機嫌がよいときにしてあげてください、と答えています。坐位や立位での訓練は微妙な力の入れ具合を感じ取ることが重要になりますので、自宅での訓練を始めたばかりの若いお母さんには難しいことが多く、負担になることが多いからです。坐位や立位や歩行などの訓練は、日を追ってお母さんにも覚えてもらうことにして、基本的な腰の使い方を覚えてもらうために仰向けでの訓練をご自宅でやっていてもらうと、私たちが訓練をするときにもより一層の効果があるようです。

最後に

最後に、ダウン症のお子さんたちに対する「療育」ということについて、私なりの考えを述べようと思います。

養育に携わっている人たちが、子どもの発育や成長ができる限り良好であるように気を配るのは当然のことです。そのためには、子どもの発達の特徴や身体の育ち方などについてよく理解しておかねばなりません。医学的な理解と教育的な介入を「療育」と呼ぶことにしますと、その基本は成長と発達の可能性を明確に意識しながら、具体的な目標達成を目指していくことにあります。それは極めて人間的な営みにほかなりません。ですから、「ダウン症だからこれはできない」とか「ダウン症だからしょうがない」というように考えるのではなく、その子の発達可能性を信じて、全人格的な取り組みをするのがダウン症の療育の基本だと思います。気をつけないといけないことは、過剰な訓練は子どもに対して負担を強いるばかりか、虐待にも通じかねません。ダウン症のお子さんがよりよい発達をしていくためにも、周りの大人が子どもの発達状態についてよく観察して配慮しながら、子どものペースに沿った発達援助を行っていくことが重要ではないかと思います。

（ふぇにっくす第六二号　二〇〇四年）

文　献

田中新正　一九九八　ダウン症児のための動作法　基礎から学ぶ動作訓練　ナカニシヤ出版　一二九―一三七
菊池哲平　二〇〇二　ダウン症乳幼児に対する運動発達援助の意義と留意点　リハビリテイション心理学研究、三〇、四一―五四

九　姿勢の特徴に対応したダウン症児・者への動作法

古賀精治

一九七八年に発足した大分県ダウン症連絡協議会「ひまわり」は、今年三〇周年を迎えます。現在、一〇〇家族もの会員数を擁する会へと成長し、充実した活動を展開されています。会長や副会長をはじめ保護者の方々の永きにわたるご努力の賜だと敬服するばかりです。

さて、今回はダウン症のある人の姿勢及び動作の特徴にまず焦点を当て、そこから話を展開していきたいと思います。その特徴とは膝の伸ばしすぎ（反張）、足首の外返しと曲がりすぎ（外反・背屈）、腰の反り、猫背、顎出しです。

ダウン症児の姿勢の特徴

「ふぇにっくす」六二号でも述べましたが、ダウン症の赤ちゃんは仰向けに寝ているとき、両脚が左右に開き、両脚の外側が床についたままでいることが多く、活発な動きがあまり見られません。健常な赤ちゃんと比べて、四肢（二本の腕と二本の脚）を重力に抗してもち上げ、曲げたり伸ばしたりすることが少ないと言われています。股関節や膝を曲げて膝を立てた状態を保持することも難しいとされます。足首は、内返し方向に力が入りやすい健常児と違って、内返しを嫌がり外返しの状態が保持されます。

やがて四つ這いの時期を迎えますが、ご周知の通り、ほとんどのダウン症児が四つ這い姿勢を取ろうとしません。四つ這いをするためには、うつぶせで両脚が左右に開かないように股関節をまっすぐに屈げてお尻をもち上げ、屈げた膝と伸ばした手で体重を支えなければなりません。さらに四つ這いで這うためには、体重を支えながら股関節や膝をまっすぐ屈げたり伸ばしたりしなければなりません。このような力を必要とする四つ這いは、前記の特徴があるダウン症児にとって苦手な姿勢なのです。

膝を屈げることを好まないダウン症児はその後、あぐら座りではなく、膝を伸ばしたままの長座位で座ることが多くなります。

このまま専門的な指導を受けずに成長すると、脚を大きく開き、膝を一本の棒のように伸ばし切ったまま（反張膝）、つま先、特に小指側のつま先を床から浮かして、足の裏の親指側とかかとの部分だけで立とうとするようになります。その結果、お尻が後ろに引けるので、バランスを取るために上体が前のめりになります。その姿勢で顔を上げようとして腰が反るようになります。直の姿勢にしようと、トレーナーが子どものお尻を押して前に出そうとすると、嫌がってお尻をいっそう後ろに突き出そうとするか、もしくは膝がポキンと折れるように座り込んでしまいます。ましてからだを直にしたまま少しだけ前傾して重心を前に移動させ、足の裏全体を床につけ、つま先側で床を踏みしめるといったことは、しばらくの間とてもできません。体重を受けながら股関節や膝を曲げて中腰の状態を保持したり、適度な力を入れたり抜いたりしながら立ち上がったり座ったりできないため、ゆっくりと座れずにどしんと尻餅をつくように座ってしまいます。逆に立ち上がるときは、膝を伸ばした、いわゆる高ばい姿勢から腰を反らしながら上体を起こして立位姿勢を取ろうとします。しゃがんだ姿勢から立ち上がったり、立った姿勢からしゃがむことは難しいといえます。そのままにしておくと、膝や股関節の柔軟な動きを身につけることが遅れるか、あるいはできないままになってしまいます。

そのうちダウン症の幼児の多くが、膝を屈げずに脚をまっすぐ伸ばしたまま、足を大きく広げ、お尻を後ろに突き出し、腰を反らして歩こうとするようになります。しかし膝を伸ばしたままだと足を横には出せても、前には出せません。そのため横方向への伝い歩きが長い間続く子どももいます。膝の反張が習慣化してしまうと、例えば膝や股関節の屈伸がより必要な階段の昇り降りなどが不得手になってしまいます。立った状態で膝を屈げることは、歩行にとって大切なのです。

やがて立位でお尻をある程度前に出せるようになり、膝も少し屈げられるようになるころ、ダウン症の幼児も前に向かって歩けるようになります。しかし膝の反張傾向は続いており、膝や股関節をあまり屈げないまま腰を左右に大きく捻りながらたどたどしく歩きます。長ずるにつれて、この腰の捻りは目立たなくなりますが、そのかわりからだ全体を左右に回しながら足を出す動きに変わっていくことがあります。このような動きが習慣化すると、重心を左右どちらかに移動し、重心が移った側の足で体重をしっかりと支えたまま、もう片側の腰を捻りながら前に出し同時に股関節や膝を屈伸して足をまっすぐ前に出すという動きを学習できなくなります。成人したダウン症者であっても、例えばからだを正面に向けたまま平均台を歩くときのように、からだ全体をゆすらずに狭い歩幅で足をまっすぐに前に出すことはなかなか難しいと考えられます。

このようなお尻の引けと膝の反張は次第に目立たなくなっていきますが（とは言っても、走り出した途端にお尻が引けてしまうダウン症児はよく見かけます）、一方で腰の反りが強まってきます。立ちはじめのころのお尻が引けて腰が反った立位姿勢から、お尻は引けていないが腰が反った立位姿勢へと移行していきます。お尻が引けずに腰が反るようになると、バランスを取るために、胸のあたり（動作法でいう3番）が丸まり、肩が巻き込むように前に丸まってきます。いわゆる猫背の姿勢です。それとともに顔がうつむいた姿勢となり、顔を上げるように求められると、1番－3番が直にならないまま顔だけ上げようとするので、顎を前に突き出した姿勢になってしまいます。また肩が前に丸まっているので、歩くとき、腕は体側より前方で振るばかりで、後方へ腕を大きく振る動きはあまり見られません。

以上の姿勢の諸特徴の中でも膝の曲げ伸ばし、とりわけ自分のからだを支えながらの膝の屈伸を苦手としていることが、ダウン症児の最も大きな特徴ではないかと、私は考えています。なぜならダウン症児の姿勢の特徴は、反張膝（＋足首の外反・背屈）→尻引け→腰の反り→猫背→顎出しという流れで形成されていくと考えられるからです。

なお私どものところへは、生後三ヵ月くらいから三〇数歳のダウン症の人がトレーニングにみえられます。ここまで述べてきたことは、その方々が初めて来談されたころの実態をまとめたものです。またあくまでダウン症児に一般的に見られる特徴であり、その現れ方の度合いは一人一人で異なっていることは言うまでもありません。

指導の概要

ダウン症候群のある人への動作法のおおよその概略と要点については、「ふぇにっくす」六二号に記しましたので、そちらをご覧ください。指導の基本または原則は、これまで述べてきたダウン症児の姿勢の特徴をよくよく考慮して、それに対応した動作法のトレーニング計画を組み立てることだと考えられます。ここでは「ふぇにっくす」六二号の中で、もっと強調しておけばよかったと思われること、そして紙面の都合上省略せざるをえなかった指導方法を中心に述べていきます。

まず留意しなければならないことは、脳性マヒ児への動作法に長く携わってきたトレーナーは、ダウン症児の膝や足首に問題がないと判断してしまう傾向があるということです。なぜなら膝を伸ばすことができない脳性マヒ児と違い、ダウン症児は膝を見事に伸ばすことができるからです。足首も同様で、足首を伸ばすこと（底屈）はできても屈げること（背屈）ができない脳性マヒ児と違い、ダウン症児は足首を見事に屈げることができるからです。しかし膝を伸ばせればそれでよいというわけでもありませんし、足首を屈げられればそれでよいというわけでもありません。大切なことは、直姿勢において、自らの体重を支えながら膝を自由に屈げたり伸ばしたり、あるいは屈げたまま保持したりといったことを、意図した通りにできるかということなのです。足首については、足の裏全体、特に小指のつま先側でしっかりと床を踏みしめられるように伸ばすこと（底屈）ができるかということが重要なのです。

「ふぇにっくす」六二号で明確に述べていなかったのですが、生後間もないダウン症の赤ちゃんにまず必要なことは、膝と股関節を曲げたり伸ばしたりする動きの学習です。まだ赤ちゃんですから、最初はトレーナーが他動的に脚を動かすだけでもよいのです。膝や股関節を屈伸する感じを覚えてもらうことが目的です。他動的に動かしているうちに、赤ちゃん自ら力を入れてくれるようであれば、援助の力を少なくしていきます。自発的な脚の屈伸がたくさんでてくるようになれば望ましい限りです。

また立ちはじめのできるだけ早い時期から、子どもが足の裏全体で床を踏む感じを会得できるように指導することも大切です。例えば、図1はA児（一歳一ヶ月）が初めて参加した大分のダウン症発達支援キャンプのインテーク時の写真です。まだつかまり立ちもできていないA児の腕をもって立たせると、図のようにA児は膝を伸ばしてお尻を後ろに引き、つま先は完全に浮かせ、かかとだけで立っていました。手を離す

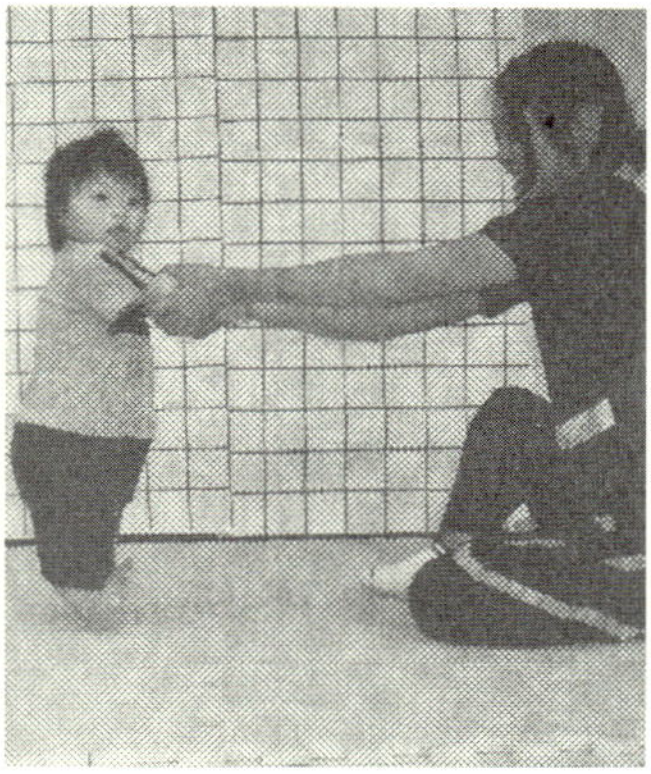

図1

とA児がすぐに尻餅をついてしまうので、トレーナーはA児の腕をしっかりと引っ張っておかないといけない状態でした。四日間の動作法による指導後の効果測定時の写真が図2です。もちろんまだ一人では立てませんが、足の裏全体を床につけることができるようになっています。足の裏で床を踏みしめようとする力が見られるようになり、自分でいくらかバランスを取って立とうとする意欲も感じられるようになりました。そのためトレーナーの援助も軽い力ですむようになりました。またA児の腕をもっているトレーナーの手の位置がかなり下がり、引く方向も床に平行な前方向から斜め下方向へと変わりました。図3は、六歳一ヶ月のA児の立位の写真です。

立ったり歩いたりできるようになったら、立位姿勢での膝と股関節の屈げ伸ばし、そして膝立ちでの腰入れと立ち上がりが重要な課題になってきます。

前述した通り、ダウン症児は自分の体重をかけながら膝を屈げたり伸ばしたりすることが得意ではありません。まずトレーナーは、足の裏をきちんと床につけた状態を保持できるように補助してから、トレーニーを立位姿勢にもっていきます。脚を膝の後ろに当て、手で腰もしくは腕をもちながら、前腕部分をトレーニーのお尻に軽く当てます。それからトレーニーが自分の力で立ったまま、膝と股関節を屈げられるように援助します。その際、トレーニーは往々にしてへっぴり腰風にお尻を後ろ

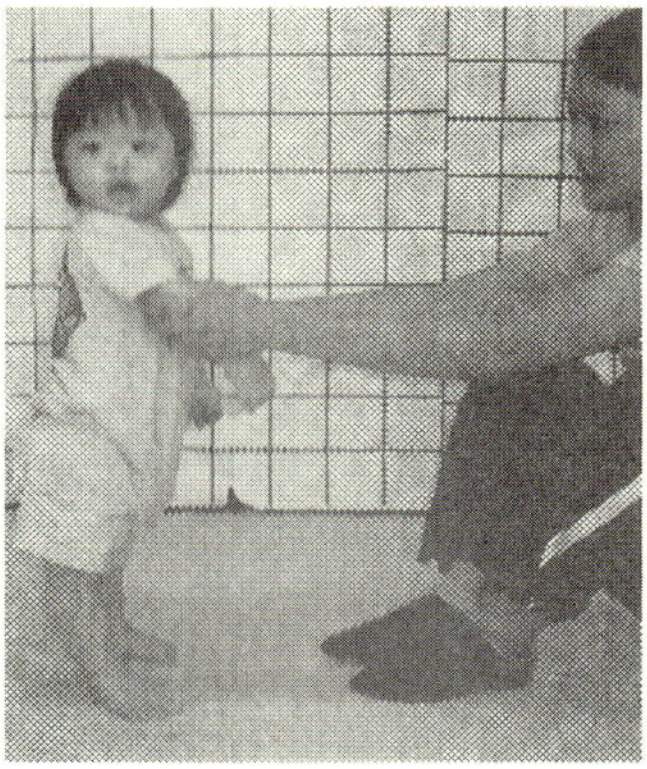
図2

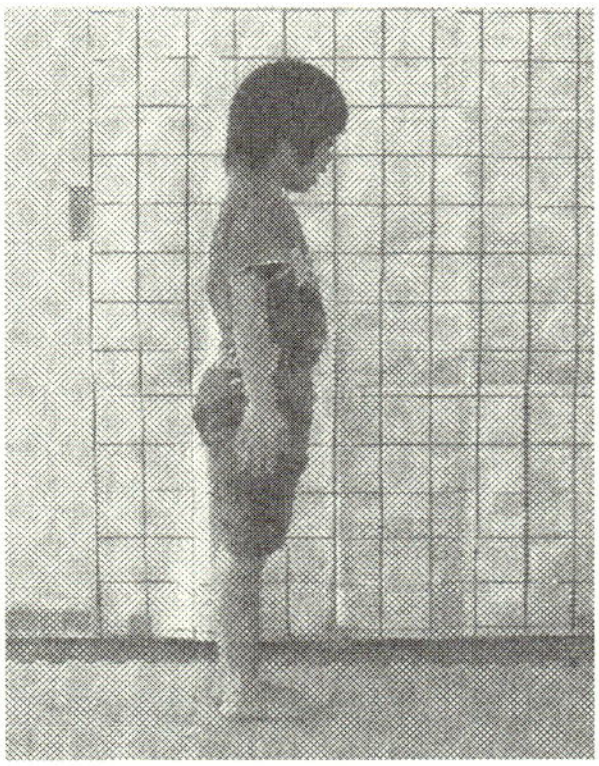
図3

に引いて座り込もうとします。そうならないように、膝の後ろに当てている脚でトレーニーの膝を斜め下方向に押し出しながら、同時にトレーニーのからだ全体がやや前傾するように援助します。トレーニーの膝頭がつま先の位置より前にでることがポイントです。そうなっていないときは、トレーナーが無意識にトレーニーのからだを支えてしまっていて、トレーニーが自分の力で立位姿勢を維持できていない状態になっていると考えられます。

「ふぇにっくす」六二号にも書きましたが、私はダウン症児に膝立ちのトレーニングをするのは、彼らが歩けるようになってからでよいのではないかと考えています。一般に膝立ちでのトレーニングの主なねらいは、腰と股関節の動きの学習です。このことがダウン症児にも当てはまることは論をまちません。ただ膝を屈げることが不得意なダウン症児の場合、そのような効用とともに、膝立ちでのトレーニングが膝で体重を支えたり、体重を受けながら膝や股関節を屈伸するためのとても効果的な指導技法にもなっているのではないかと考えられます。膝立ちでのトレーニングは、ほかのどんな指導法にも見られない、動作法独自の技法です。膝立ちでのトレーニングがあることが、動作法がダウン症のある人への指導法として有効であることのひとつの証なのかもしれません。

先に述べたように、ダウン症の人は加齢とともに、胸（3番）が屈になり肩は前にすぼめるように丸まっていく傾向にあります。そのためか成人したダウン症の人から、腰とともに「肩がきつい（または痛い）から弛めて欲しい」という訴えをよく受けます。このような場合、肩または胸をひらく動きの指導を行います。

ダウン症者は肩を上方向に動かせても、肩を後ろに動かすことは苦手なようです。しかも肩を上に上げられるとは言っても、実際には首をすくめるように肩を上に上げるといった動きであることが多いようです。たとえそのような動きであっても、本人ができる動きを大切にする、ということが指導の基本だと考えます。自分でできる動きを広げていくという発想です。まずトレーニーに肩を上に上げるように求めます。次に上げた肩をおろすよう求めます。トレーナーは両手でトレーニーの両肩を包み込むようにもち、動きを先取りしないように注意しながら、上下への肩の動きに寄り添います。肩をおろす動きが止まったら、下方向にさらに少しだけ力を加え、それに応じてトレーニーが力を抜いてくれたら、ゆっくりとフワッと手を離します。こうすることでトレーニーに首をすくめずに肩を上下に動かす感じを身につけてもらいます。上下の動きの学習の次は、肩の前後の動きです。トレーナーはまずトレーニーに肩を自分で上げるように求め、上がったらしばらくその状態を保持します。そしてその上げた状態のままの肩を、最初はトレーナーが他動的に後ろに動かして、動きが止まったら、やはりしばらくその状態を保持します。それから後ろに動かした肩を、その位置からそのままゆっくりと下方向におろします。おろし終わったら、しばらくその状態を保持します。最後に、トレーナーは肩をもっている手の力をフワッと抜きながら、肩を前方向にゆっくりと戻します。うまくいくと、トレーニーは自分の思っていた以上に肩が楽にたくさん動いていることに気づき、驚くことが多いようです。以上、肩を上に上げる↓そのまま後ろに動かす↓そのまま下におろす↓ゆっくりと前に戻す動きを、子どもにわかりやすいように一つ一つメリハリをつけて行います。何というか肩を回すようなイメージの動きです。この一連のトレーニングを2～3回行った後、一旦肩を上に上げることなく、そのまま後ろに動かすと、スーッと後ろに動きやすくなっていることがほとんどです。またその際、多くの事例で、トレーナーの指示に合わせて、トレーニーが自分で肩を後ろに動かそうと努力する力を感じ取ることができます。そのような力を感じることができたら、トレーナーは援助の力を次第に少なくし、トレーニーに自分で肩を後ろに動かすように求めていくようにしてください。

胸（3番）の屈についてては、まずトレーニーに仰向けになってもらい、その背中と床の間にトレーナーの脚を差し入れます。差し入れる位置は4番の上部から3番のあたりです。トレーニーが年少の場合には、トレーナーの足を、足の裏を上に向けて差し入れます。そして3番を反らす方向に弛めます。大人のダウン症の方で3番がたいへんかたくなっている場合、3番を急に反らすと痛いことがあるので、トレーナーはその方の後頭部を手でしっかりと支えます。3番が弛んできたら、それに合わせて上体をゆっくりとおろしていきます。トレーナーは上から押さえてトレーニーの3番を弛めようとするのではなく、トレーニーが自分の体重で3番を弛めていくのを援助するという態度でトレーニングにのぞんでください。トレーニーの後頭部が床についたら、トレーナーは後頭部から手を離し、両手でトレーニーの顔を顎を中心にして包み込むようにもちます。そしてトレーニーの顎を引きながら首の後ろを伸ばすように力を加え、3番が伸びて弛められるように支援します。その際、トレーニーの頭をもち上げないことが肝要です。つまりトレーニーの後頭部が床から浮かないよう、頭のてっぺんが床に平行にまっすぐ上に上がっていくようなイメージで援助します。仰向けで3番が弛んできたら、あぐら座位での3番の弛めと動きのトレーニングを行います。トレーナーは片手をトレーニーの3番のやや上部に当て、下方向に力を加えます。同時にもう片手でトレーニーが3番から上を起こせるように援助します。両手の力加減と方向、タイミングが重要です。このような援助によって、トレーニーが自分で3番を伸ばしたり屈げたりする感じ、そして上体を直にして腰の上に据える感じを体得できるようにすることが、このトレーニングの目的です。

　ところでダウン症児・者に限ったことではないのですが、臥位や座位で肩の動きや3番の曲げ伸ばしの練習をして猫背がずいぶん消えたけれど、膝立ちや立位になるとどうしても猫背が出てしまうということがあります。その場合は、膝立ちや立位姿勢で肩や3番の動きの指導を行います。例えば、図4と図5はキャンプ三日目のB児（小学6年生）のトレーニング前と後の写真です。トレーニングとしては図6に示したように、まずサブトレーナーにB児が腰を入れる援助をしてもらいました。その上でトレーナーはB児が3番を伸ばしたり曲げたりできるように援助しました。図4と図5を見比べると、B児が立位で3番をずいぶんまっすぐにできるようになっていることがわかると思います。

　最後に歩行時の重心移動について述べます。ダウン症児・者は重心を左右どちらかに移動させ、移動した側の足でしっかりと踏みしめてからだを支えることが上手ではありません。そのための指導方法の一つに、かかとの上げおろしがあります。立位姿勢で片方のかかとをゆっくりと上げたりおろ

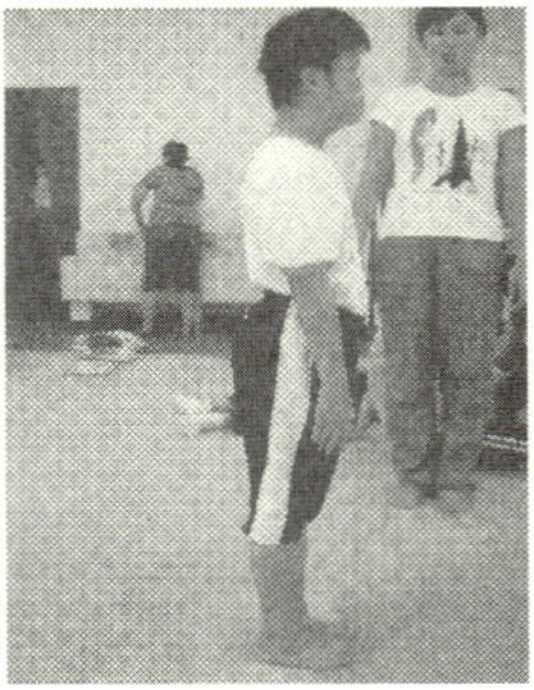

図４

したりするトレーニングです。注意しておかなければならないのは、決してかかとを上げること、それ自体が目的ではないということです。かかとをあげるのは、かかとを上げる側と逆側の足に重心を移すための一つのきっかけにすぎないのです。かかとを上げるのに先立って、もう一方の足にきちんと重心を移すことが大切なのです。トレーナーは重心を移動した側の足でトレーニーがしっかりと床を踏みしめられたことを確認してから、かかとを上げるようにトレーニーに指示を出します。このトレーニングを重ね、かかとを上げる側の逆の足で体重を十分に支えられるようになったら、かかとだけでなく脚全体を上げるように求めます。そして上げた脚をまっすぐに前に出すように指示します。このトレーニングによって、トレーニーはそれまでよりも足をまっすぐ前に出して歩くことができるようになったり、階段などの段差を恐がらずに暮らせるようになると期待されます。

（ふぇにっくす第六七号　二〇〇八年）

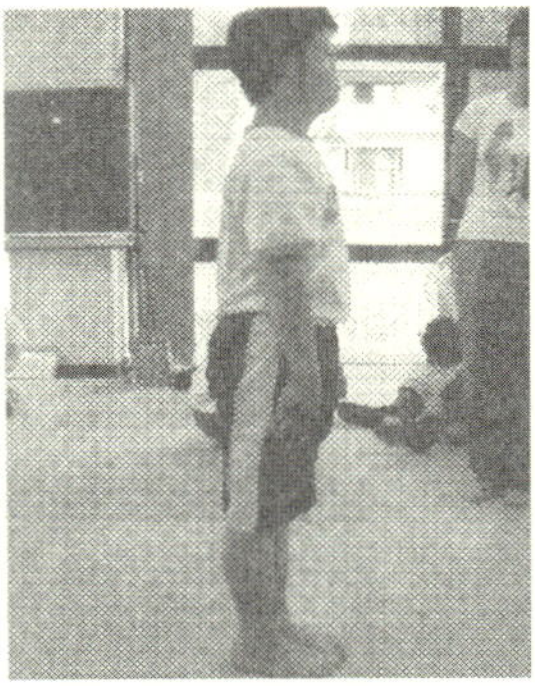
図5

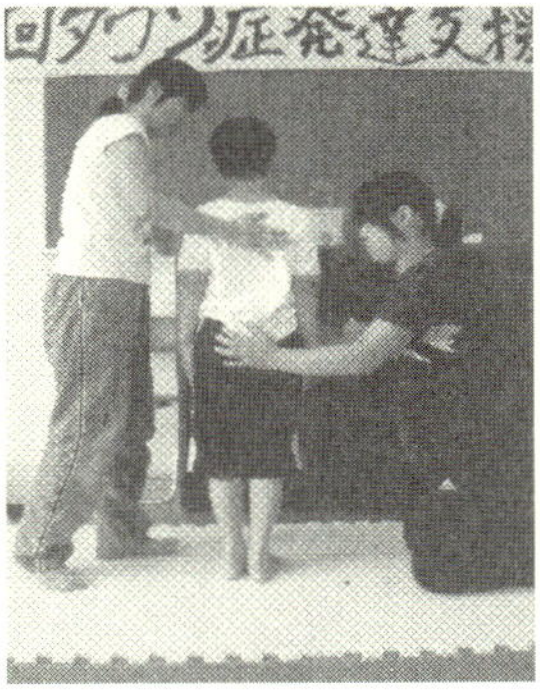
図6

一〇　医療的ケアを必要とする子どもへの動作法

小田浩伸

医療的ケアとは

医療的ケアとは、治療を目的とするのではなく、重度・重複障害児（者）における生命の維持、健康状態の維持・改善のために必要とする医療的な生活援助行為であり、医師の指示の下で、住宅及び特別支援学校等において日常的・応急的に行われる行為とされています。医師法等で規定、制限が加えられている医療行為とは区別されています（図1）。

つまり、たんの吸引や鼻腔や胃ろう部から管を通して栄養剤を注入する経管栄養など、在宅で家族が日常的に行っている医療的生活援助行為を、医師法上の「医療行為」と区別して「医療的ケア」と呼んでいます。

文部科学省による平成二一年度特別支援学校医料的ケア実施体制状況調査結果（表1）によると、特別支援学校において、日常的に医療ケアを必要とする児童生徒数は、訪問教育を受けている人を含め六、九八一名います。特別支援学校の在籍者数は、一一一、八五八名ですので、実際に特別支援学校に在籍している児童生徒全体の六・二％の児童生徒が何らかの医療的ケアを必要としていることになります。

以前は、医療的ケアができるのは、医師、看護師、保護者だけでしたが、平成一六年一〇月の文部科学省の通知から、初めて、医師又は看護職員の資格を

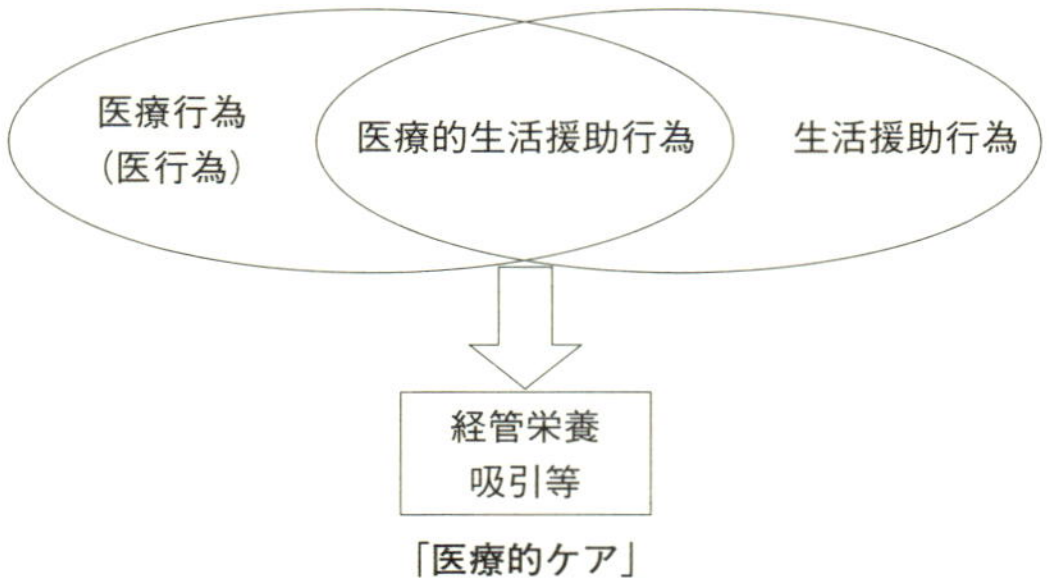

図1

有しない教員によるたんの吸引等の実施を許容するための条件が挙げられ、看護師の配置等一定の条件が満たされていれば、適切な医学管理の下に特別支援学校において教員が、①経鼻経管栄養、②咽頭手前の吸引、③自己導尿の補助を実施できるようになりました。そして、平成一七年、厚生労働省の通知の中で、③の自己導尿の補助が医学行為からはずされたことから、新たに胃ろうなどからの栄養が加わり、現在では、①経鼻経管栄養、②胃ろうなどからの栄養、③咽頭手前の吸引が主な対象とされ、児童生徒のニーズに応じた医療的ケアが実施されています（表2）。

このように、ここ数年の間に、医療的ケアの必要な児童生徒の指導を支援するための制度や体制が整備され、医療的ケアを必要とする児童生徒が、安心して学校生活を送ることができるようになるとともに、保護者の負担を軽減できたことも大きな進展となりました。

医療的ケアを特別支援学校で行う意義としては、次のようなことが考えられます。

①医療的ケアが必要な児童生徒の通学が可能になる。

②食事、排泄、呼吸などの的確な健康状態の把握や医療的ケアへの対応で生活リズム・生活習慣が確立され、子どもの欠席日数や事故が減るなど学校生活の基盤を充実できる。

③児童生徒が教職員や看護師から「医療的ケア」を受けることにより、信頼関係が促進される。

表1　医療的ケア対象幼児児童生徒数（平成21年5月1日現在の状況）

（文部科学省　平成21年度特別支援学校医療的ケア実施体制状況調査結果（まとめ）より引用）

区分	医療的ケアが必要な幼児児童生徒数（名）				
	幼稚部	小学部	中学部	高等部[1]	合計
通学生	45	2,551	1,223	1,142	4,961
訪問教育（家庭）	0	587	276	217	1,080
訪問教育（病院）	0	173	81	149	403
合計	0	258	119	160	537
在籍者数（名）[2]	45	3,569	1,699	1,668	6,981
割合（%）	3.0	10.4	6.5	3.3	6.2

1　高等部の専攻科は除く
2　平成21年度学校基本調査による

④保護者から離れて、教職員や看護師から「医療的ケア」を受けることにより、児童生徒の社会的自立が促進される。

⑤「医療的ケア」のために、常に付き添わなければならない保護者の負担を軽減できる。

医療的ケアを必要とする子どもの実態把握（健康や状況観察）の観点と方法

吸引や経管栄養等の医療的ケアを必要としている児童生徒の疾患や障害の状態・特徴としては、多くは肢体不自由で重複障害を有する児童生徒であることから、病態が多様で症状の出方も表現方法もさまざまになっています。そのため、児童生徒の状況理解や実態把握に関する情報の収集ときめ細かな健康観察が重要になります。

医療的ケアを必要とする児童生徒の健康状態は変化しやすく、健康管理に当たる看護師・教員等は、必要に応じて一日に数回健康観察を行い、それを毎日繰り返すことによっ

表２　医療的ケアの行為対象別幼児児童生徒数（平成21年５月１日現在の状況）
（文部科学省　平成21年度特別支援学校医療的ケア実施体制状況調査結果（まとめ）より引用）

	医療的ケア項目	計（名）
栄養	●経管栄養（鼻腔に留置されている管からの注入）	2,355
	●経管栄養（胃ろう）	1,979
	●経管栄養（腸ろう）	116
	経管栄養（口腔ネラトン法）	99
	IVH 中心静脈栄養	58
呼吸	●口腔・鼻腔内吸引（咽頭より手前まで）	2,872
	口腔・鼻腔内吸引（咽頭より奥の気道）	2,011
	経鼻咽頭エアウェイ内吸引	123
	気道切開部（気管カニューレより）からの吸引	1,813
	気道切開部の衛生管理	1,635
	ネブライザー等による薬液（気管支拡張剤等）の吸入	1,577
	経鼻咽頭エアウェイの装着	153
	酸素療法	978
	人工呼吸器の使用	720
排泄	導尿（介助）	417
その他		723
合計（延人数）		17,629
医療的ケアが必要な幼児児童生徒数		6,981

●は教員が行うことを許されている医療的ケア項目である

ます。

て、健康状態の把握が可能となります。また、健康観察を繰り返すことによって、異変を早期に発見することができます。

医療的ケアを必要とする児童生徒の具体的な実態把握の方法について紹介したいと思います。これらの視点は、動作法を適用するにあたり、把握しておくべき重要な情報となります。

①表情（機嫌が良さそうか・辛そうか、表情の硬さ、笑い方、泣き方等）について

→顔の表情や顔色を見るために、あいさつや呼びかけに対しての反応や全体的な顔の印象、口・眼の動きから表情を読み取ることが大切です。

②顔色について（顔や唇の色、チアノーゼ、体温との関連等）

→口唇や爪が紫色になるのは、チアノーゼ（血液中の酸素が不足する）という状態が推測されます。頻繁に起こる子どもには、観察とともに血液中の酸素の濃さ（酸素飽和度）を測定する機器の活用とその情報収集を行うことが有効です。

③呼吸の様子について（呼吸数、呼吸の乱れ、喘鳴等）

→気道が狭くなったり、貯痰による空気の通過障害を起こしやすかったりする場合があります。これは、身体活動の少なさや胸郭の動きの制限、筋緊張亢進や筋力の低下などによる呼吸筋・横隔膜の運動制限によって胸郭関節可動域が小さくなり、十分な換気を行いにくくなることが原因と考えられます。また、いったん痰が生じると、排痰に必要な深い呼吸や胸郭・横隔膜の強い収縮ができないために自力喀出する力が弱く、痰が肺や気管に貯留しやすくなります。こうした児童生徒には、痰の粘ちゅう度が増して痰がからんだり、呼吸するたびに「ヒューヒュー・ゼコゼコ・ガーガー」といった喘鳴が出ていたりする場合があります。また、呼吸をしているように見えても空気の出入りがない閉塞性無呼吸の状態が見られることもあります。

そのために、呼吸や脈拍数、「ヒューヒュー」や「ゼコゼコ」等の喘鳴の状態、痰の量・色、顔色等呼吸状態がいつ

もと違うかどうかについて丁寧に観察しておく必要があります。

④脈拍（心拍数等）について

→家庭と連絡を取り、通常の脈拍を把握しておくことが大切です。また、学校等で定期的（時間帯や場面）に脈拍を計って、安静状態と活動状況での脈拍の変動を把握しておくことも重要です。

⑤体温について

→体温測定は健康状態の把握の一番簡単な方法です。毎日一定の時間に検温することによって、体調の把握・管理がしやすくなります。

⑥皮膚の状態について（皮膚の色・つや、発疹等）

→発疹があるときには、全身の状態を観察しながら、どの部位に多く生じているかについて観察しておくことが大切です。

⑦食欲について（食べるはやさ、量、嚥下・咀嚼の様子、むせ方、口の開き方等）

→児童生徒の食欲を把握することは難しく、食事を取り込む際の咀嚼・嚥下の機能が十分でないこともあり、必要な栄養や量、取り込む食事の形態も経管栄養など、制限を受けやすくなります。経管栄養の場合の過剰投与による嘔吐、下痢も起こしやすくなります。また、寝たきりで筋緊張亢進があり、脊柱の変形などにより姿勢が保てなかったり、噴門の機能が十分でなかったりすることなどにより胃食道逆流現象が起こりやすく、それによる誤嚥で呼吸器感染を合併しやすくなるといわれています。

食べ物が食道ではなく気管に入りやすいのは、嚥下しきらないうちに次の食物が口に入ってきたり、量が多くて一回では嚥下が難しい状態になったりすること等のためであることが多いと言われています。そのため、嚥下後に口腔にどの程度食べ物が残っているか観察しておくことが重要です。

⑧排泄について（量、色、濃さ、回数、時間間隔等）

↓水分摂取の不足により脱水になりやすかったり、経管栄養で繊維が少なかったり、身体運動の少なさや脊柱の変形による腸管への影響などにより便秘になる場合が多く見られます。そのため、健康のバロメーターとして排泄物の観察は重要な情報となります。排尿・排便は、排尿（便）回数と尿（便）量、尿（便）の色、濃さ、臭い、便の性状（水様便・下痢便・普通便）等の観察・チェックをすることで、水分摂取の過不足状態やむくみ、腎機能の状態を推定することにも役立ちます。

⑨身体の緊張状態について

↓身体運動経験が少なく、筋緊張、全身の骨関節の拘縮、変形などをきたしやすいことから、坐位や立位姿勢が保持できなかったりするだけでなく、脊椎の変形に呼吸障害、消化器障害など影響を及ぼすことがあります。また、立位など重力がかかって丈夫な骨を構成することができなかったり、カルシウム量の不足などにより骨自体がもろく、筋緊張や拘縮とあいまって、起こす、抱く、オムツ交換といった少しの姿勢変化の外力で骨折を起こしてしまったりする場合も多く見られます。

そのため、骨折経験、手術歴、脱臼の傾向（股関節、肩関節、肘・膝関節等）や痛みがないかどうかについての情報収集、身体を動かしたときの違和感や表情を観察しておくことが大切です。首や肩の緊張が強い場合は、呼吸や食事（咀嚼・嚥下）の動作にも関係する場合があるので、観察の視点としておくことが大切です。

⑩精神状態（緊張・興奮、非活性化等）について

↓日常的な活動の様子との違いを観察します。例えば、泣いているときや笑っているときの表現の仕方や持続時間、人やものへの興味・関心の示し方等から把握することもできます。

⑪集中力（注意の持続時間等）について

↓好きなこと、興味を持ったことに対して、どの程度集中して取り組むことができているかについて観察します。

⑫活動意欲（活動性）について

→常に主体的・意欲的に取り組む活動か、場面や関わる人によって活動意欲が変わる活動か、体調によって違う活動か等、活動状況について観察します。

⑬てんかん発作の状態（時間帯、継続時間、発作の前兆とその様子等）について

→発作の開始時刻と終了時刻、けいれんの状態や兆候、始まり方、拡がり方（からだのどの部位からどの部位に拡がったか）、意識の有無、顔色や口唇の色、発作後の治まり方の様子等、詳細な観察と記録が重要です。てんかん発作は、その誘発につながる身体・精神・環境要因や抗けいれん剤の血中濃度等との関連も見ていく必要があります。

⑭覚醒水準（睡眠・覚醒・眠気の時間帯やリズム等）について

→視力障害の合併で光刺激が受けられない、抗けいれん剤の服用、身体活動の少なさ、夜間の医療的ケア等によって、睡眠や覚醒リズムの乱れが生じている場合があります。そのため、家庭との連絡を密接に取りながら、睡眠時間やその様子（ぐっすり眠れていたか、何度も途中で目覚めていたか等）についても情報収集して観察しておくことが大切です。

⑮興味・関心（人や物への志向性等）について

→好きな音や物、遊びについて、関わる人や教材によって表情や動きに違いが見られるか等について観察します。

⑯言語活動について

→快・不快（心地よい・心地よくない）や意思について、表情や身振り、視線、言葉等でどのように表現しているかについて観察します。

動作法適用における確認・配慮事項

前述したように、医療的ケアが必要な児童生徒はさまざまな観点からの実態把握が必要ですが、動作法を適用するにあたっては、さらに、身体的側面のアセスメントも丁寧に行う必要があります。

①身体構造（骨、股関節等）の状況について

坐位や立位姿勢が取りにくく、このような経験が少ない児童生徒の中には、身体を支えたり、姿勢変換したりすることに骨が耐えられなく、少しの外力で骨折にいたることがあります。実際に、レントゲンで確認すると、大腿部の外見に比べて、大腿骨が極端に細い状態であることがわかります。これらを確認して把握しておかなければ、急に坐位や膝立ち姿勢を取ったり、少しの重力のかけ方が変わったりしただけで骨折する場合もあることに留意する必要があります。

また、以前の骨折、脱臼、手術経験の有無とその部位についての情報も把握しておくことが必要です。

②身体の特徴・特性（過敏性、緊張、痛み）について身体の状態はさまざまですが、どの部位の緊張が強いのか（または弱いのか）、また、触覚過敏の部位や過去の経験から触覚防衛が強くなっている部位はあるのか、さらに、痛みが生じやすい部位があるのか、といった身体的な確認情報を得ておくことも必要です。

③認知の状況とコミュニケーションの取り方について

対象となる児童生徒とのコミュニケーションの方法や工夫について、実態を把握しておくことが必要です。例えば、痛みの表現の仕方・見方、言葉掛けの仕方・工夫、ほめ言葉の理解の状態、理解している言葉、わかりやすい声のトーン、視覚支援の工夫などについて情報と実際のかかわりの中で観察しておくことが重要です。

④医療機関等の関係機関や主治医等の関係者と連携について

医療機関等の関係機関や主治医、理学療法士等の関係者と密接な連携を図って、身体状況や心理特性、保護者の障害等の受け入れ状況に関する情報を収集しておくことも大切です。そのことが、学区における教育目標の共有、関係機関、家庭、学校における役割分担等の明確化、さらに、体調等の急激な変化への対応（危機管理）にも有効となります。

実践事例
医療的ケアを必要とする子どもへの自立活動指導の実践
—たんの吸引及び経管栄養の医療的ケアを必要とする子どもへの動作法の適用—

(1) 実態の概要

対象のA児は、脳性マヒの混合型、四肢マヒで、特別支援学校小学部三年生に在籍する男児であった。呼吸障害があり、自力排痰が難しいことから、口鼻腔内の吸引を必要としていた。また、胃の中に入った食物が食道に逆流するため、胃ろうによる経管栄養も行われていた。

A児は、全身の緊張が強く、胸郭の動きが不十分で深い呼吸が難しく、また、痰がからむことが多いため、力強く咳き込んでも自力で排痰することが難しい状態であった。そのため、咽頭部でヒューヒュー、ゼロゼロという喘鳴音が頻繁に聞かれていた。また、体調にもよるが、咳き込みに続いて、嘔吐を誘発することも見られていた。さらに、呼吸がスムーズにできず、一生懸命に空気を吸おうとしたり、首を反らせる等して過度に力を入れたりするため全身の緊張が強くなっていた。

姿勢・動作状況としては、股関節の脱臼や骨折経験はないが、緊張が強いため、あぐら坐位の形を取るまでに時間がかかっていた。また、下顎の動きがかたく、食物摂取のときに口唇を閉鎖することが難しいため、咀嚼や嚥下がうまくできない状態であった。

(2) 学校における指導・支援の方針

保護者、主治医、担当教員との話し合いの下、学校生活においては、「呼吸が少しでも楽にできるようになること」及び「全身の緊張を少しでもリラックスできるようになること」をねらいとして取り組んでいくことになった。そして、日常的な対応と自立活動の指導において、次のことを主な方針とした。

また、吸引の準備をしているだけで全身の緊張が強くなるほど、A児にとって吸引は不快なことであった。そのため、保護者の希望も踏まえ、A児の心理的負担を軽減していくためにも、体調や吸引の時間帯、タイミング等を考慮しながら、可能な範囲で自力排痰を促す援助を行っていくことを配慮事項として取り入れることになった。

①日常的な対応
・のどを広げて気道狭窄を防ぐこと
・胸を広げて動かしやすくする
・口に溜まっているたん等を出しやすくするために、側臥位で背中を軽くタッピングする、または、吸引によって痰を排出する。
・姿勢を整えること（姿勢変換も必要に応じて行う）

②自立活動の指導
〈年間目標〉
・援助に合わせて、あぐら坐位姿勢までをスムーズに取れるようになる。
・援助に合わせて、肩や胸を拡げたり狭めたりする動きができるようになる。さらに、少しでも能動的に肩や胸を拡げたり狭めたりできるようになる。
〈主な指導内容〉
・側臥位での躯幹捻りによるリラクセーション
側臥位姿勢から、腰を支点として躯幹を捻る方向に力を抜いていくリラクセーション援助を行った（図2）。
・あぐら坐位における肩・胸のリラクセーション
あぐら坐位で子どもの肩や肩胛部を後方に開いたり、閉じたりする肩・胸のリラ

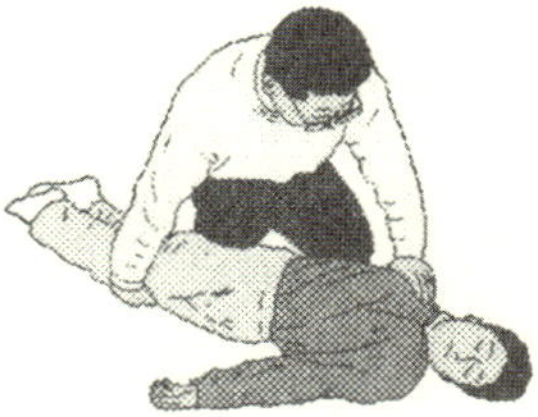

図２　躯幹捻りによるリラクセーション課題

クセーション課題と、援助者の両膝を支点に、上体をゆっくり反らせながら肩・胸のリラクセーションを行っていく課題を行った（図3）。

・口周辺のリラクセーション

下顎の開閉や左右への動きを通した口周辺のリラクセーションを行った（図4）。

(3) 指導・支援の経過の概要

一年間の取組の経過は次の通りであった。

側臥位での躯幹捻りによるリラクセーション課題においては、A児自身が少しでも能動的に力を抜いていくことができるようになることをねらいとして援助を行った。当初は援助の方向と逆な力が入ってくることも多かったが、その動きを肯定的に受け止めながら、動作を通したやりとりを丁寧に行っていった。その中で、今までの習慣的な力の入れ方から、援助に合わせて力を抜いていくという新しい努力の仕方ができるようになり、躯幹部（胸・背・腰）の緊張が随分軽減されてくるとともに、緊張が強いときでも少しの援助でリラックスできるようになってきた。

あぐら坐位における肩・胸のリラクセーション課題では、まず、あぐら坐位を援助に合わせて取れるようになることを目的としたが、側臥位での躯幹捻りによるリラクセーション課題が進展してくるに従って、あぐら坐位までの動きがスムーズにできるようになってきた。

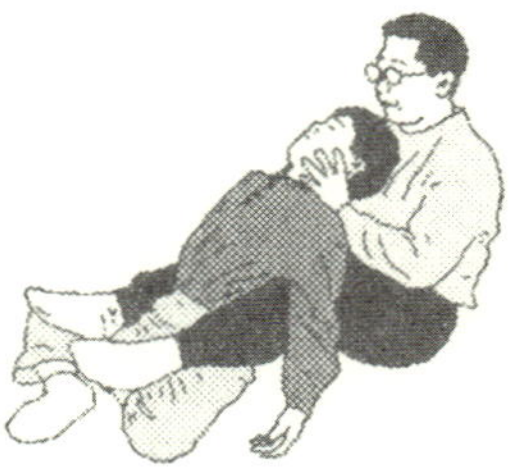

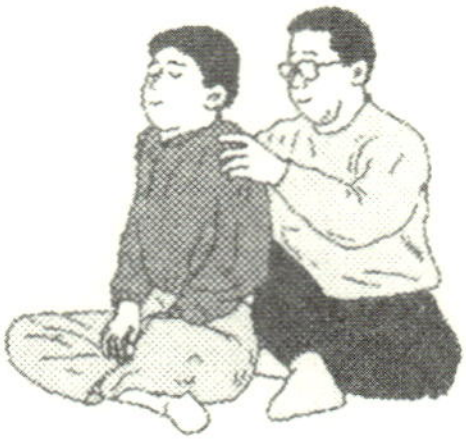

図3　あぐら坐位における肩・胸のリラクセーション課題

図4　口周辺のリラクセーション課題

肩や胸の動きについては、開く－閉じる動きを交互に援助していく中で、どちらの方向の動きに対しても抵抗が少なくなり、援助に合わせた開く－閉じる動きがスムーズにできるようになってきた。さらに、閉じる－開く方向への援助を待っていると、わずかであるがA児の能動的な動きが見られるようになってきた。この能動的な動きが見られてきた時期から、肩・胸のリラクセーションを十分に行うと「ヒューヒュー」や「ゼコゼコ」の喘鳴音が聞こえなくなり、呼吸が楽になってくる様子がはっきり見られてきた。また、あぐら坐位姿勢を取ると、首を回転させて周りを見回すことや、好きな遊具に手を伸ばそうとする認知面の活性化と能動性が見られてきた。

口周辺のリラクセーション課題は、呼吸をするたびに首や口周辺に過度な力が入っていたため、口周辺の動きが固定化しないように口周辺のさまざまな方向への動きを援助することを目的として行った。そして、下顎の上下・左右への動きが援助に合わせてスムーズに動かせるようになってきた時期から、家庭での経口摂取において、口唇や下顎が閉じやすくなり、嚥下や咀嚼がしやすくなってきたとの報告を受けた。

(4)まとめ

以上の取り組みから、学校と保護者、主治医で共通確認した、「呼吸が少しでも楽にできるようになること」「全身の緊張を少しでもリラックスできるようになること」が進み、からだの操作が楽になるとともに、認知面の活性化も見られてきた。そして、体調にもよるが、以前と比較して、自力排痰のできる回数が増えてきた。これは、からだのリラクセーション効果と、あぐら坐位でからだをタテにしやすくなり、肩や胸の弛みが痰のからみの軽減や自力排出に影響をもたらしたものと推察される。

障害が重度・重複し、医療的ケアを必要とする子どもへの動作法の適用としては、特別な動作課題の設定等はないが、次のような観点をもって進めていくことが必要と考えられる。

①身体の構造面、病歴、姿勢状況、認知的側面等の詳細な実態把握をしておくこと。

②指導・支援の方針は、できるだけ保護者、主治医、学校との共通理解の下に進めていくこと。
③子どもが自分のからだに注意・対象化できるように丁寧な援助を行うこと。そして、ほんの少しでも自分で動かそうとする能動的な動作を引き出していくことをねらいとすること。
④からだの歪みや偏り（側わんや緊張部位等）のみに着目するのではなく、からだを通して「その子に働きかけている」視点をもち続けていくこと。
⑤子どもの比較的得意な力の入れ方（抜き方）をとらえ、得意な動きをさらに拡大していく観点を大切にすること。

（ふぇにっくす第六九号　二〇一一年）

文　献

日本小児神経学会社会活動委員会：松石豊次郎、北住映二、杉本健郎（編）　二〇〇六　医療的ケア研修テキスト—重症児者の教育・福祉、社会生活の援助のために—　クリエイツかもがわ
永井利三郎、服部英司　二〇〇七　小児の在宅生活支援のための医療的ケア・マニュアル　改訂2版　大阪府医師会
杉本健郎　二〇〇九　「医療的ケア」はじめの一歩　クリエイツかもがわ

二　医療的ケアの必要な子どもの動作法
—ベッドサイド指導での動作法実施を通して—

谷　浩一

はじめに

動作法は現在、脳性マヒ児のみならずさまざまな障害の児童生徒に対して実施されており、いわゆる最重度の障害がある児童生徒もその例外ではない。

そうした最重度の児童生徒の指導については、学校の校舎内で教育する際にも勿論さまざまな配慮が必要である。しかし、学校を離れた病院でのベッドサイド指導の場合、教育職とは異なる医療職のスタッフと日常的に接するため、いわゆる「他職種との連携」の問題が身近な形でつけ加わる。その意味で、学校内での指導とは多少異なる留意点も必要とすることになる。

ここでは筆者がベッドサイド指導で動作法を実施した経験に基づき、上記の点について考えてみることにしたい。

方　法

(1) 事例「A」の障害歴

Aは小学校高学年の段階までは身体的な障害はなく普通の生活をしていた。ところが、ある日突然事故に遭遇し、外傷的な被害は被らなかったが長時間にわたる酸欠状態に陥った。懸命の治療により何とか一命は取りとめたものの、いわゆる寝たきりの生活になってしまうとともに、容態が急変する恐れがあるため家庭での生活や療育は困難ということで、病院で生活をおくることになった。

(2) 指導開始時のAの状態

学年は中学部二年生。二四時間、三六五日ベッドに横臥した生活である。栄養摂取は胃ろうからのみで、口から摂取することはまったくない。瞬きができないため、眼球の乾燥を防ぐ目的で目薬をさした後は瞼を閉じた状態でテープによって固定されるため、周囲の状況を見ることはできない。気管切開をしており、呼吸はその穴を通して行っている。自発呼吸はあるものの、夜や体調不良時には人工呼吸器を気管切開部分につなぐ形で呼吸補助が行われている。

顎や口唇を動かすことができないため常に口は開いた状態で、唾液は終始口外に流れ出ていた。日常的には四肢・体幹ともに自発的な動きはまったく認められなかった。

手もしくは足の指先に常時生体モニターのセンサーが装着されており、ベッド横に置かれた表示装置に数秒毎に表示内容が更新される形でＳＰＯ２（動脈血酸素飽和度）と心拍の数値が表示されていた。Ａの場合、授業中のＳＰＯ２値は八八から九五、心拍数は八〇台から一一〇台の範囲をおおむね推移した。教師はこまめにその数値を確認しながら、課題内容や働きかけの強度を決めていく必要があった。

(3) Ａの指導目標

個別の指導計画（京都市では「個別の包括支援プラン」と称している）に基づくＡの自立活動の指導目標は、①長期目標：体調を崩さず元気に過ごす、②短期目標：指導者の支援により、手や肩、顎の後ろの緊張を弛めることができる、である。

なお、長期目標は三年後のＡの状況を想定した一年生からの目標であり、短期目標は一年後のＡの到達目標として設定された。

(4) Ａの動作状況と動作法のねらい及び課題

顎の後ろと側方に慢性緊張があるため、常に顎を突き出した状態で顔を左方に向けていた。両手首ともに屈曲状態が慢性化しており、両足首にも屈曲方向の慢性緊張が入っていた。肘や膝は伸ばせている状態であった。他動的に上肢を挙上していけるのは左右とも七〇度程度までであった。

こうしたＡの動作状況を踏まえ、先に示した短期目標をも考慮しつつ、自立活動におけるねらいを次の二つとした。①指導者の支援により、腕や肩、顎の後ろの緊張を弛めることで、健康状態の改善を目指す。②指導者の支援により腕や肩、顎の後ろの緊張を弛めることで、それらの部位が少しでも自分で動かせるようになることを目指す。

具体的な動作課題は、①顎の後ろの伸ばし弛め、②顎の側面の伸ばし弛め、③腕上げのリラクセーション。これら３つの課題を設定する上で筆者が念頭においた第一の点は、顎・肩周りの慢性緊張が弛められるようになればＡの呼吸状態が改善し、ＳＰＯ２値が高くなるのではないか、第二の点は、腕上げ動作等の自発的な動きが生じるのではないかということであった。

⑸指導期間と指導体制

筆者はＡの自立活動を二年間担当した。指導時間帯は午前一〇時～一一時の一時間、週一回であった。なお、別の担当も異なる曜日に異なる指導内容で週一回の授業を担当している（授業時間帯は筆者と同じ）。

⑹Ａの動作法を実施する際の留意事項

Ａに動作法を実施するに当たり、Ａの担当ＰＴ（理学療法士）と連絡を取り、以下の点について共通理解した。①「腕上げのリラクセーション」を行うに際しては、その前段階として肩胛骨を広げ・戻し方向に弛めたり、鎖骨を上げ・下げ方向に弛めたりするのがよい。それらの方法で肩周りの筋緊張をある程度弛めた後に腕上げを行う。②腕上げを行っている途中で腕が動かなくなった場合、肩胛骨を広げる方向に弛めるとさらに高く上げられることが多い。ただし、無理して高くまで上げる必要はなく、四五度～六〇度ぐらいまで上がればそれでよい。無理して上げようとすると骨折の危険性が増す。③顎の後ろの伸ばし弛めをする際には、Ａの胸の上に手を置いた教師の手で本人の呼吸のリズムを感じながら、呼気のタイミングに合わせて少しずつ弛めていく。④手首の伸ばし弛めはしないほうがよい。今の状態で伸ばそうとすると骨がスライドして関節がずれる恐れがある。

指導結果

顎の後ろの伸ばし弛めや腕上げによる肩まわりのリラクセーション課題を行う中でのＳＰＯ２値については、一～二ポイント程度上がる日は少なくなかったものの、体調が悪い日には動作法実施中にむしろ数ポイント下がってしまうこともあり、残念ながら必ずしも高くなる方向へ推移したとは言えなかった。また、自発的な動きに関しては、腕上げ課題の際に筋緊張の強い箇所にさしかかると右下肢を僅かにバタバタと動かす自発的な動きが見られ始めた。

いずれにせよ、筆者が授業を担当した二年の間に健康状態が大きく崩れることはなく、無事中学部の卒業式を迎えることができた。

ベッドサイドで動作法を実施する際の留意点

ここまでＡの指導経過を述べてきた中で動作法を実施する際の留意点をいくつか述べてきたが、ベッドサイドで動作法を実施する上での留意点について今一度まとめておきたい。

①対象児童生徒の特に顔から極力目を離さない。

②いわゆる寝たきりの子はさまざまな要因から骨折の危険性が非常に高いので、どの部位を扱う際にも努めてゆっくりと動かす。

③動作法の課題内容がある程度固まった段階で担当ＰＴと連絡をとり、内容や手技等に関してお互いの共通理解を図る。主治医との共通理解が図れればなおよい。

④生体モニター（ＳＰＯ２、心拍等）を装着している場合にはこまめにそれらの数値をチェックするとともに、対象児童生徒の平常の数値を事前に看護師から聴取しておく。

⑤対象児童生徒に緊急事態が生じた際の対処要領を事前に病棟の看護科長と打ち合わせておく。実は二年間にわたるＡの指導中に筆者は一度緊急事態に遭遇している。

動作法を含めた授業が一通り終了し、教材等の後始末をするために二、三分の間本人や生体モニターから目を離してしまった。この間本人の苦しそうな声や手足の動き等はまったくなかった。そして、何の心の準備もないままフッとAの顔を見たとき、鼻の横など顔面の数ヶ所が青黒く変色し始めていた。筆者が血相を変えてナースステーションに駆け込んだのは言うまでもない。後は看護師の適切な処置により大事にはいたらなかった。

事後に確認したところでは、喉に痰が詰まっていたこと、緊急時には教師が一人でナースステーションに知らせに行くのではなくベッドごとAをナースステーションに連れて来てほしかったこと等を聞かされた。冷静に対処するためには事前に病棟看護師と十分に意思疎通を図っておき、情報の収集と対処方法を身体で覚えておくことの重要性を痛感した。

（ふぇにっくす第六九号　二〇一一年）

第三章　領域ごとの展開

一二　教育現場で使う動作法
―指導実践を通して最近考えていること―

飯嶋正博

私が動作法に関わり始めて、早二八年が過ぎようとしています。はじめはやすらぎ荘での脳性マヒ児の動作訓練からのスタートでした。その後、聖ルチア病院で心理療法として用いる臨床動作法へも不良姿勢の児童の事例などを通してかかわりをもつようになりました。

さらに、順天堂大学に着任してからは、スポーツ選手へと動作法を適用するスポーツ動作法へと適用領域を一段と広げて行きました。

現在、千葉県内を中心に、関東地域で障害児・者の訓練会に積極的に参加しています。その対象は、脳性マヒのみならず、ダウン症、発達障害、中途障害、視覚障害と広がり、その年齢も早ければ生後三、四ヶ月の乳幼児から五〇歳と幅広くなっています。

また、健康増進を推進している大学に勤務している関係で、最近では市民講座や老人大学に参加している中高年や高齢者へ健康動作法を適用する機会も増えています。

教育動作法では、養護学校の自立活動を中心に、体育教育科での動きづくりとして適用し、小学校の体育の授業で今行われている「身体つくり運動」の中に導入された「身体ほぐしの運動」にも動作法を適用することを試みました。

このようなさまざまな対象、年齢、実践現場、状況の中での実践で今感じている、考えている、試みていることを紹介しますのでご意見やご感想を聞かせていただければ幸いです。

私が教育現場で動作法を用いる場合は、基本的には「動作訓練」です。それは、指導・支援の目的が明確な行動変容、能力開発にあるからです。

ところが、子どもは子どもなりに努力して自分なりのやり方や動かし方を獲得しているために、それを変えるためにさらに努力することに大変さを感じています。そこで、訓練を嫌がる、訓練に乗ってこない子どもがいます。

例えば、人とのかかわりがうまくできない自閉症などの発達障害や自分からのかかわりはよいが、人からのかかわりになると頑固になるダウン症などです。

そこで、彼らに動作法を行うときにどのように行っているかというと、まずはじめから動作法の導入はしません。はじめは、「挨拶」です。

①正面から声をかけます。

「こんにちは」「よろしく」と。その際に、動きを止めるかこちらを向くか、視線を合わせるか、返事をするか「言葉がけ」への反応をチェック（評価）します。何らかの反応があれば、言葉によるかかわり方は可能なのです。

②次に、子どもの前に手を差し出します。

「〇〇です」と。その際に注意する点は、自分からは触れない点です。かかわりたい自分の気持ちが強いと子どもの構え、縄張りを越えて、踏み込んで触れてしまいます。すると子どもは「触れられる」ことに警戒してしまいます。そこで、手を差し出し、軽く振って待っていると子どもから手を出して「触れる」ことをしてくれます。

③触れられてから少し待ってから、軽く手を握り、力を抜いて待ちます。

子どもが「握り返し」をしてくれたのなら、身体を通してのかかわり方は可能なのです。そこで、子どもが手を離したら、触れ合ってかかわりあうことは出来るのですが、動きを通してのやり取りは難しいことになります。

④握り返されたら、手を軽く振って待ちます。

子どもが、「振り返し」をしてくれたのなら、大きな動きを通してのやり取りは可能なのです。

⑤手を握ったまま、次にもう一方の手で握っている手の肘、次に肩と触れます。

二箇所に触れることが可能ならば十分に動作法の動作課題に取り組むことはできるのです。動きを通したやりとりが可能かの評価が終わりました。

次に挨拶が終わりましたらいったん手を離しましょう。そして、あらためて「動作課題へ誘導」します。「こっちに来て、訓練するよ」と場所に誘導する声かけをします。子どもが来てくれない場合、二者を設定しますが、明確に提示するのはイエス（ＹＥＳ）の二択と呼ぶ、一人で来てくれるかほかの人（保護者または担当の者（私））と一緒に来てくれるかです。行かない設定はありません。どう来るのかで二者を設定します。子どもが一人で（自分で）来なければ、消去法で誘導・支援しながら、一緒に訓練する場所にまで連れてきます。

次に「動作課題の指示」です。はじめに指示することは、からだのどこを床につけるかです。単に、寝て、座って、立ってでは、訓練の枠組みや型が子どもの思いのままで決まりません。そこで、「肩つけて寝るよ」「お尻を床につけて座るよ」「足裏をつけて立つよ」など枠組みを明確に指示します。

さらに、訓練のはじめの姿勢が取れたら、「両肩を触れる」ことを試みてみましょう。すぐに訓練の型を崩そうと動いてしまう子どもがいます。そこで、子どもの肩と腕の境を手で掴むのではなく、手の平を用いて挟む感じでもちます。すると、動こうとする子どもの動きに対応して、軽く押さえるだけで、「待って！」と言葉の指示と同時に「動かないで」との指示が子どもに伝わります。その際に、触れて伝えることが重要であり、引き戻したり、動かないように押し付けたりするのは過剰な指示です。また、肩の上に手を置く、腕のほうを持つのは子どもに身体の拘束感を強くし、抵抗を引き出し易くなります。

さて、動作課題に取り組む準備ができましたら、動作課題の「構造を整理」します。これは、動作課題の主たる動きを引き出すまでにいくつの手順を行うかを訓練の前に整理し、何段階までかを確認し、三段階をセットで意識させて訓練を行います。例えば、座位姿勢で肩の弛緩動作を行う場合、

①一段階：お尻を床につける。
②二段階：足裏を合わせて膝を開く
③三段階：腰を前に倒してから起こす
④四段階：背中を伸ばす。
⑤五段階：肩の力を抜く。
⑥六段階：自分一人で肩の力を抜いて動かす。

など六段階を想定します。

次に、「動作課題を実施」します。整理した段階を子どもに順番に実施しますが、段階をセットとして組み合わせて提示、実施します。「一番、お尻を付けて」、次「一番、お尻を付けて。二番、足裏を合わせて」次「一番、お尻を付けて。二番、足裏を合わせて。三番、腰を起こして」といった具合です。すると、子どもは自分の行う動きを過去、現在、未来の見通しをもって行うことができます。

このように単に子どもが肩の力を抜けばよいというわけではなく、力を抜くまでの身体の状況などに注意が向けられるかが大切と考えています。

私たちは子どもたちに、やればできる動き、自分で入れている力、行っている動きだから、「やりなさい」、「コントロールしなさい」と努力することを「強要」する訓練をしていませんか。

教育動作法で子どもがわかるように、できるようになるためには、単に身体の動かし方を具体的に、わかりやすく「教える」とともに、子どもたちに自分の身体を動かす時に生じる身体の動きの「感じ」を手がかりにすることが重要です。

この感じは、教えることが難しく、感じは本人の「感受性」を高めるという「育てる」ことによってしか向上しません。育てるためには、育てる土壌を作り（訓練の型）、必要な栄養素を与え（気づき・支援）、それからどう伸びてくるのか、変化するのか見守る時間と空間（待つこと）が必要です。どのような動作課題であれ、訓練の枠組み、型の中で、子どもが自分の身体の動きを感じられるかを援助・支援するかかわりを行うことこそが動作法の技法の本質ではないでしょうか。

まだまだ未熟な分際で、偉そうなことを言いましたが、もっともっと子どもの可能性を信じて、じっくりと子どもと動作法に取り組んでみてはいかがでしょうか。

今後とも、多くの子どもとかかわってゆきたいと思いますので、よろしくお願いいたします。

末尾を借りて、多くの方々に「不器用な子どもの動きづくり（かもがわ出版）」を購入していただきありがとうございました。この場を借りてお礼を申しあげます。

（ふぇにっくす第六六号　二〇〇六年）

一三　養護学校（現：特別支援学校）における動作法の活用について

小田浩伸

養護学校で動作法がどのように活用されているのか、また、活用の際の留意点と今後の課題について考えてみたいと思います。

私が臨床動作法を学び始めた二〇数年前は、肢体不自由養護学校での指導法としてとらえられていました。その後、自閉症や知的障害の子どもへの適用が拡がり、筆者が約一〇年前に実施した、「知的障害養護学校における自立活動に関する全国調査」の中では、自立活動の指導で活用されている方法の第一位に動作法が挙げられました。現在では、盲・聾・養護学校の校種を超えて、その適用範囲が拡がってきています。それは、各校種ともに障害の重度・重複化が進み、肢体不自由を併せ有する子どもの在籍が増えてきていること、また、肢体不自由養護学校で動作法を実践してきた教員が他校種に移動することが多くなり、そこでの実践が展開されていること、などによるものと考えられます。

養護学校における動作法の活用

教育現場で動作法がどのように活用されているか、例を挙げて紹介します。

(1) 動作獲得・改善を目的とした動作指導

肢体不自由（脳性マヒ等）等の子どもにからだに力を入れたり、抜いたりする学習を通して、自分のからだを動かしているという動作主体者としての実感を得ることを支援します。このような主体的な身体操作の学習（体験）の中で、自在にコントロールできる動作（動作の部位や範囲）を拡げていくことが動作指導の目的です。

(2) 心身のリラックスを通して情緒の安定を目指したリラクセーション指導

衝動的な行動やパニック状態になる子どもの中には、その混乱の不安に対処するために、外界に対してからだを緊張させ、過剰な身構えによって対応しようとする傾向が見られます。特に、からだの緊張の左右差と、情緒面の不安定さが比例している場合が多く見られます。こうした心身の緊張に対し、からだのリラックスを通して、情緒面の安定を目指していくことがリラクセーション指導の目的になります。

(3)他者との関係性を構築するための基礎的コミュニケーション指導

重度・重複障害の子どもの中には、他者に注意を向けたり、他者の援助を受け入れたりすることが難しいため、人との基礎的なやりとり関係が築きにくい子どもがいます。そのような場合、からだや動作を媒介とした具体的で密接なコミュニケーションを図りながら、他者への注目や他者とのやりとり関係を構築し、その関係性をほかの活動に繋げていくことを目指します。このような教育活動の前提となる基礎的な対人関係づくりを図ることが、基礎的コミュニケーション指導の目的です。

(4)ストレスの対応や心理的不安の強い子どもへの自己コントロール支援

ＡＤＨＤや高機能自閉症の子どもの中には、衝動的な行動によって他児とのトラブルが絶えないケースが多く見られます。そうしたトラブル後に、「こんなことをしていたらみんなに嫌われる」「どうしたら気持ちが落ち着けるのか教えてほしい」等、自分では処理しきれない混乱を話す子どもがいます。ある子どもに、椅子に座ってできる肩の上げ下げ（肩に力を入れて五秒数えてから、脱力する）を両方、あるいは片方することを毎朝の日課にするよう提案しました。すると、その取り組みの中で、自分のからだに力が入ってきた状況を自覚できるようになり、力が入ってきたら、肩にもっと力を入れて抜くという対応ができるようになってきました。そのような対応ができてきたことで衝動的な行動も随分軽減されてきました。このようにからだの動きを介した自己コントロール支援を目的として活用する場合もあります。

養護学校において動作法を活用する際の留意点

「個別の指導計画」への位置づけ

盲・聾・養護学校に在籍する子どもの個別の指導計画作成は、学習指導要領に規定されていますが、今後、小・中学校等においても、特別な教育的支援の必要な子どもに対して個別の指導計画を作成して実践していく方向性が示されています。このように個別の指導計画は、教員間や保護者と指導目標や内容を共有するためのツールであり、そのＰｌａｎ（計画）－Ｄｏ（実践）－Ｓｅｅ（評価）のサイクルは教育システムの根幹にもなるものです。この指導計画の中に、動作法の内容・方法を取り入れていくことが、教育における動作法の活用のポイントになります。

具体的には、個別の指導計画は、実態把握→指導目標の設定→指導内容・方法の設定→実践→評価というシステムになりますが、その指導内容・方法の設定の段階で動作法の方法論を子どもの指導に当てはめようとするのではなく、その子どもたちの実態に応じて、動作法が適切に活用され、目標達成のための内容・方法として、妥当であったかどうかを定期的に検証していくことになります。

以上のように、動作法を教育的アプローチとして、個別の指導計画に位置付けて、システムとして取り組んでいくことが不可欠になります。

動作法における今後の課題

平成一九年四月から、特別支援学校制度が本格的に実施されるに当たり、教員の専門性や他機関、他職種との連携のあり方が話題になっています。その一つとして、養護学校の中で専門的なリハビリ指導（身体面の指導）が受けられないとの指摘から、盲・聾・養護学校へのＰＴ（理学療法士）、ＯＴ（作業療法士）などの専門職配置へ機運が高まってきています。障害の重度・重複化が進む中で、学校が医療との連携を強化していくのは、当然の流れと思われます。しかしながら、このような流れの中で、教員の資質と専門性でできる身体面への教育的アプローチとは何か、そのあり方について喫緊に再考すべき時期に来ているのではないでしょうか。つまり、肢体不自由児のからだのことは、ＰＴ、ＯＴ等の専門職に任せていくのか、教員ができる教育的アプローチも進めていくのか、この方向性の整理や役割分担が、特に肢体不自由教育における今後の大きな課題になると思われます。これは、肢体不自由教育における動作法の活用のあり方にも大きな影響を及ぼすことは言うまでもありません。

このような重要な課題の検討に当たり、動作法による教育的アプローチが個別の指導計画に明確に位置付いた取り組みになっているかどうかが、重要なポイントになると思われます。そのため、今まで以上に、教員の専門性に即した教育的アプローチとして動作法が認知され、実践されていくことが重要になると思われます。そのためには、必要な研修のあり方等について、教育現場の実情を熟知している養護学校のSV有資格者等が中心となって検討していくことが、今後の課題であると思われます。

（ふぇにっくす第六六号　二〇〇六年）

一四　学校現場における動作法

歳桃瑞穂

はじめに

学校現場における動作法の適用は、さまざまな形態で行われています。当初は主に、養護学校や特殊学級において、肢体不自由児を対象に適用されてきました。それから臨床動作法の適用範囲が肢体不自由から情緒障害。さらに心理療法領域、スポーツ分野へと拡がっていきました。また、より健康にいきいきと生きるために用いられる方法としても注目されるようになっています。学校には、上記のすべての領域に該当する対象がおり、それぞれの目的に応じて動作法が導入されるようになってきています。また、学校にスクールカウンセラーが配置されるようになり、スクールカウンセラーの援助技術としても注目されています。

動作法の適用目的によって、動作をする人／させる人をさす用語も区別して使われています。成瀬（一九九五）によれば、「動作をする人は動作者、被験者、トレイニー、クライエントなどといい、動作をさせ、あるいは要請する人を実験者、助言者、トレイナー、カウンセラー、治療者、セラピストなどという」とされています。臨床場面においては、動作法を動作訓練やストレスマネージメント教育の目的で施行する場合はトレーナー・トレーニーと表記され、心理治療目的で施行する場合はセラピスト・クライエントと表記されるのが一般的なようです。学校においては、さまざまな目的のもとに動作法が実施されていますが、ここでは便宜上、トレーナー・トレーニー、集団で行う場合の指導者をリーダーと表記します。

適用のバリエーション

学校で行われている動作法の形態はおおよそ次のようにまとめることができます。

動作法の利点

動作法が学校において急速に普及していますが、その要因としては動作法のもつ次のような特徴が挙げられるのではないでしょうか。

①場の設定が比較的容易であること
・個別面接室での実施に限定されず、集団でも個人でも用いることができる。
・椅子あるいはマットがあればほかには特別な用具が不要である。
②さまざまな立場からの導入が可能であること
・スクールカウンセラー、担任、養護教諭、部活動顧問といった立ち場から効果的に用いられている。
③対象が限定されないこと
・児童・生徒、保護者、教職員と幅広い適用が可能である。

・年齢による適用制限がない。気持ちや感じの言語化が必ずしも必要ではないため、発達的にまだそういった言語化が困難な年齢の子どもにも適用できる。

④多様な目的に応じて適用することが可能であること

・気になる児童・生徒への指導・発達援助法として、心理治療・カウンセリングでの展開、心身健康法としての展開、運動部活動等におけるスポーツ科学的援助法として、と適用目的がさまざまである。

・問題や症状が顕在化してからの対応策としてだけではなく、予防的援助方法として用いることができる。

⑤短期間で変化が生じ、効果が上がりやすいこと

・その場で、自分自身の変化を実感することができる。

・日常生活において、自分の状態に注意が向くようになったり、変化に気づくことができる。

なお、断るまでもないことですが、効果的に適用するには実施者の技術の熟練が必要です。

集団での動作法の実施

スクールカウンセラーが学校に配置されるようになり、中学校では相談室のある学校が増えています。スクールカウンセラーが配置されている学校では、養護教諭と連携を取りながら心の問題に対応する体制が試行錯誤の中でつくられているところもあります。一方、小学校で相談室を設けている学校は未だ少なく、心の問題は養護教諭が対応しているところがほとんどでしょう。相談室のある学校でも、保健室に来た子どもの発する何らかのサインに養護教諭が気づき、手を差し伸べていることが非常に多いと思います。

しかし、相談室にも保健室にも来室しない、いわゆる一般の生徒が何ら問題を抱えていないかというと、決してそうではありません。老若男女問わず過大なストレスを抱えていると言われる現代、学校へ通う子どもたちもその例外ではありません。現状では特に問題なく学校生活を送っている子どもたちも、さまざまなストレスを感じて生活して

います。こうした子どもたちに対してストレスとうまく付き合うことを身につけさせる、すなわち予防活動が重視されてきています。こうした予防的援助法として、リラクセーション体験ができ、ストレスへの対処・セルフコントロール力を高められる動作法は有効です。

また、教育現場では、子どもたちの問題解決力の低下、対人関係スキルの未熟さが重大な課題となっています。この「問題解決能力」「対人関係スキル」を育てる発達的援助法として、動作法は非常に有用であると考えられます。動作課題を行っていく過程は、自分で自分の難所を超えていく、問題解決の過程でしょう。そうした自己内の非言語的・言語的対話（ワタシと自体とのやりとり）に加え、トレーナーとの非言語的・言語的対話（ワタシとトレーナーのやりとり、自体とトレーナーとのやりとり）が存在します。このやりとりの過程は、人間関係スキルを育てます。また、動作法はトレーナー・トレーニーの二者で行うものでありながら、「自己処理、自己選択、自己管理」といった自己治癒の側面をもっています。自分で自分をよりよい方向にもって行くことができ、また一人で試したり、利用することも可能です。

個別・小グループでの動作法の実施

学校の相談室には、一人で訪ねてくる児童・生徒よりも、友人と連れ立って相談室を訪ねてくる（複数来談）ことのほうが多く見受けられます。一人で来室する場合は相談したくないことが明確なケースが比較的あるように感じますが、「何となく寄ってみた」という場合も少なくありません。

複数来談では、一人ずつ別々の相談事（主訴）を抱えてくる場合もあれば、共通の問題を抱えてくる場合もあります。また、特に何を相談したいというわけではなく、何となく訪ねてくる場合も少なくありません。殊に小学校の場合は、いわゆる主訴をもってくるケースは稀であるように思います。

主訴が明確でないことの理由には、一つは自分自身の気持ちや悩みについて認識したり、言語化して他者に説明したりすることが発達的に見て未だ困難であることが考えられます。また、言語化の問題だけではなく、自分の状態を実感できていない場合もあるでしょう。本人もはっきりとは認識していないけれど、何となくモヤモヤした感じやイライラ感をもっていたり、何となくうまくやれていない感じをもっていたりするケースなどはそうです。この「何となく」に動作法が有用であるように思います。

また、小学生には「かまってほしい」「自分としっかり関わってほしい」という思いで相談室にやってくる子どもが多いように感じます。この場合にも、動作法はたとえ短時間でも密なかかわりをもつことができるのでとても有用です。

複数来談でも、一人ひとりとじっくり丁寧に関わることができるのも、動作法の特徴です。ほかの人がその場にいながら、からだを通した対話を一対一ですることが可能だからです。

動作法を実施する中で

動作法は集団や個別で実施した場合のどちらにおいても、以下のような体験や効果が得られるようです。

①自体との対話が自信につながる

動作法は自分のからだに注意を向け、まず自分自身の現在の状態に心の耳を傾けることを促します。そして課題に沿って自分のからだを動かそうとする中で、思わぬ自分自分と対面します。動かそうとしても動かない自分のからだ、動かそうと思っていないはずなのに動くからだ、思うようにならないからだとの対面があります。そしてそれを何とかしようと試みる中で、自分のからだとじっくり付き合うことになります。「今、動きそうな感じがした」「感じが変わってきた」といった実感が言葉で表現されることがよくあります。仮に言葉がなくても表情に変化が現れたり、動きが変わってきたりします。そして、課題に沿って自分で動かそうと思った方向へ動かしたり、力を抜いたりすることが「できた」体験は、達成感にもつながります。自分で自分をもっていきたい方向に変えていけるという体験が、自信につながるようです。

②対人スキルの向上（注文を出す）

トレーニー体験をしているとき、「もう少し強く押えてほしい」「触れる前に声をかけてほしい」といったように、「もう少しこうしてほしい」と感じることがよくあります。児童・生徒同士で実施している場合はこうした注文をペアの人に出しながらやっていくわけですが、この注文の出し方、すなわち相手への伝え方を工夫する過程は、対人関係スキルの向上につながるようです。

③わかってもらった感じ

動作法をしたときに、「わかってもらえたような感じがした」といった感想が出ることがあります。注文を出したり、お互いにどんな感じがしているかを伝え合いながら、「自分の体をしっかりと感じてもらえた」と感じられたとき、わかってもらえたと感じられるようです。

動作法エッセンスの活用―動作法における触れ方の大切さ―

動作法には、からだを通して相手のからだ、そして、その持ち主に働きかけていくという臨床的なエッセンスがたくさん含まれています。例えば、からだへの「触れ方」ひとつをとっても、上手な人とそうでない人ではまったく違ってきます。そっと肩を触れるだけで、「無理な力がはいってるよ、ぬいてごらん」というメッセージを伝えることができますし、「ここにもう少し力を入れてごらん、ここだよ」とか「こんなふうに立ったほうがフラフラしないんじゃないですか?」というメッセージも伝えられます。

こうした動作法のエッセンスは、設定された枠内だけでなく、日常生活の中で利用できる場面もあります。全校集会などで立ち方が定まらなかったり、落ち着きのない子どもに、その場で少し立ち方を変えるように援助するだけで落ち着くことも少なくありません。教室での座り方についても同様です。

相手のからだに触れる訳ですから、もちろん、倫理的な配慮が必要なのは言うまでもありません。

動作法の実施に関する注意点

動作法の実施に際して、まず技術が必要であることをあらためて強調しておきます。動作法の普及とともに、文献を読んだだけで実際の体験をしないまま、現場で実施する事態も出てきているようです。これはとても危険なことです。一見とても手軽で無害なようですが短期間で効果的な変化が出ると言うことはそれだけ逆の方向にも大きな変化が生じるということを示唆していると思います。

動作法は「触れること自体に効果がある」ことを謳う技法ではないため、技術的な研修を受けることが肝要です。

（ふぇにっくす第五九号　二〇〇二年）

文　献

成瀬悟策編　一九九二　教育臨床動作法（現代のエスプリ　別冊）　至文堂
成瀬悟策　一九九五　講座・臨床動作学１　臨床動作学基礎　学苑社
成瀬悟策　二〇〇〇　動作療法―まったく新しい心理療法の理論と方法―　誠信書房
山中寛・富永良喜編著　二〇〇〇　動作とイメージによるストレスマネジメント教育　基礎編・展開編　北大路書房

一五　病院臨床におけるアプローチ
――精神科病院における児童・思春期相談室での実践――

山﨑由紀

はじめに――児童・思春期相談室について――

筆者の勤める精神科病院には児童・思春期相談室が設置されており、幼児から成人するまでの幅広い年齢の子どもとその保護者の心の相談に応じています。症状やその程度によっては医師が薬物療法を行いますが、多くの場合、薬物療法と心理療法を併用するか心理療法を中心にして対応しています。新規の相談件数は年間約二〇〇件で、最も相談件数が多いのは高校生です。そこで、本節では高校生クライエントへの動作法について取り上げたいと思います。

高校生の相談の特徴と動作法

高校生の相談には過呼吸、失声や過敏性腸炎、自己臭恐怖・醜形恐怖・視線恐怖、リストカットや拒食・過食といったものが含まれてきます。ここには、思春期という時期の特徴が現れているように思います。

思春期は、人生の中で最も自分のことで悩む時期です。子どもの自分を大人の自分へと作り直す過程で、自分という存在にぐっと意識を向けるからです。この時期の子どもは、自分はどんな人間か、良いところ、悪いところは何かなど、ひたすら自分に目を向ける必要に迫られ、自分はこれでよいのかと悩み、自信をなくしがちです。自分という存在や軸がぐらつくので、他人の目や評価が必要以上に気になり、自分と人を比べて劣等感を感じたり、他人の目に緊張を感じたりするのです。

先に述べた症状や問題行動は、自分という存在が不確かになって自信を失いかけている子どもが、自分という存在を肯定し、確かめるために懸命に行っている心の動きが現れたものだとも言えます。そのように考えると、高校生の援助に必要なことは、嫌な自分を含めて自分と向き合い、その自分を受け入れ、その上で自分を変えられるという感じをもつこと、あるいは他者に受け入れられていると感じて自分を肯定し、自分の存在を確かめていくことだと思います。これは、まさに動作法のプロセスで展開されるものです。

最近の高校生のあり方と動作法

高校生ぐらいになると、自分の考えや気持ちを言葉で表現することは十分可能と思われます。しかし、相談に来る高校生の多くはそれほど饒舌ではありません。「わからん」「別に」「多分…」など、自分のことなのに言葉で表現してもらおうとするととても曖昧です。自分の考えや気持ちを内省する力の弱い子、言葉でどう表現したらよいかわからない子が増えたように思います。また、饒舌だけど言葉だけが上滑りして実感に乏しい子も多いように思います。そのため、言葉によるカウンセリングのみでは、本人の悩みや心のあり方を理解し援助することが難しいことが増えています。このとき、からだを通してその人の心のあり方を考えることができる動作法はとても有効な手段となります。

また、（大人から見ると）ほんのちょっとした出来事に大きく揺さぶられ、ストレスや問題に対処する力が弱いことも最近の高校生の特徴のように思います。問題が一つ起きるとすべてだめだと思い無力感や抑うつ感に圧倒される子、すぐに結論を求め極端な解決策を取る子、自分で解決策を模索できない受身的な子―こういう子どもも動作法を通して自分のからだとの付き合い方が変化すると、日常での現実や問題との付き合い方が変化してくるように感じています。

ガスが溜まるので学校をやめたいと言うAさんとの面接

ここでは、思春期の子どもに動作法を用いてアプローチした事例を紹介したいと思います（事例はプライバシー保護のため修正を加えています）。

(1) 初回面接でのAさんの様子

初めて会ったAさんは表情がとてもかたく、手にタオルを握り締めていました。背を丸めて歩く動作もぎこちなく、緊張の強い様子がうかがえました。また、筆者の聞いたことにはボソッと答えてくれましたが、どこか投げやりな態度で、自分から積極的に話すタイプの子ではありませんでした。そのAさんが語ってくれたのは次のようなことでした。

ガスのことはずっと前から気になっていた。最近、周りに「くさい」と言われている気がして教室に入れない。直接誰かに「くさい」と言われたことはないが、ガスが出るのでみなくさいと思っているかもしれない。きついのですぐにでも学校をやめたい、とのことでした。話しながら涙ぐむ場面もあり、Aさんがとてもつらいことが伝わってきました。そして、今の高校は自分の第一志望だが、期待していた学校行事がなくて、想像していた学校とは違う、別の高校に行きたい、と話しました。

(2) 初回面接を終えた時点での筆者のAさんへの理解の仕方

Aさんが学校をやめたいぐらい辛いことはよく伝わってきたので、それを否定するつもりはありませんでした。しかし、長年悩んできた症状を何とかしたいとは考えずに、希望して入った高校を変えることで、問題に対処しようとしている彼女のあり方は気になりました。ここにAさんの現実とのつき合い方が現れていると感じたからです。筆者は症状の背景にあるAさんのあり方、症状に対するAさんの対処の仕方について面接で取り上げることが必要だろうと考えました。その一つの手段として、動作法の導入を考えていました。

(3) Aさんにアプローチしきれなかった導入期

この時期は、医師から依頼された心理テストと環境調整も同時に行っていました。

三回目の面接でAさんが学校をやめたい気持ちは変わらないが不安もあると切り出してきました。筆者は、Aさんが問題を現実的に考えようとしていると思いました。話が一段落したところで、タオルを握り締めて肩にぎゅっと力を入れて背中を丸めて座っているAさんに対して、『いつもそうやってからだに力を入れているの？』と尋ねました。Aさんは「え？」という表情をして自分のからだに目をやりました。『教室にいるときは？』と尋ねると首を捻っていました。教室にいるときの感じをイメージしてもらうと「緊張してガスが溜まる感じが強くなる」と話しました。そこで、『ガスが出ることが気になっていつもからだに力を入れていると思われること、からだを動かしてリラックスできるようになるとお腹の張りも和らぎ、気持ちも楽になっていくかもしれない』と動作法を提案しました。Aさんはやや渋々という感じで了承しました。

腰まわりを中心に緊張があることがうかがえていたので、あぐら坐位での腰弛め課題を提案しました。Aさんはあぐら座で腰を立てて座ることがきついようでした。『腰の力を抜きながら上体を前に屈げて』と見本を示しながら動作を伝えました。Aさんの背中はすっと前に屈がろうとするのですが、腰の部分だけはガチッと固まり動きませんでした。その時のからだの感じを尋ねると「股関節が痛い」とのことでした。それ程不快な痛みではないと言うので『そのまま待って、その感じが弛んでくるのを感じて』と伝えて待ちました。しかし、筆者の援助の手にはAさんのからだが変わる感じ（緊張を弛める感じ）が伝わってきませんでした。Aさんも「痛さは変わらない」とのことでした。

このやりとりを通じて、筆者は、Aさんは何か問題があっても自分で解決しようと努力せず、その場でじっと待ったり、誰かが手伝ってくれるのを全面的に待ったりする傾向があるのかもしれないと考えていました。そのあり方にアプローチするために、援助の仕方を変えながら課題に取り組んだのですが、Aさんの腰まわりの緊張が変化する気配はなく、ガンとして動きませんでした。また、Aさんが股関節の痛みや腰の張りを弛めようと自分のからだに働きかけている様子もつかめず、Aさんは本当に「待って」いたようでした。援助の方法が思いつかなくなった筆者は、Aさんは腰の問題に触れてほしくないのかもしれないとも思いました。そこで、肩上げ課題を取り入れました。Aさんは首や腕にまで力を入れて肩を上げ、ガクガクと自信がなさそうにぎこちなく下ろしました。そこで、Ａさんに肩を上げるときに首や腕に力を入れないように伝え、援助しました。そして『力を入れた分、今度は力を抜きながらゆっくり下ろしましょう』と伝えると、スーッとほんのわずかですが、肩の力を抜いている感じが伝わってきました。Ａさんも「少し楽になった感じがする」とのことでした。しかし、とてもリラックス感を得られたり、新たな体験をしてもらうにはいたっていませんでした。

⑷自分や現実に気付き、向き合い始めるＡさん

筆者の援助の未熟さもあって、その後もＡさんのからだの緊張は、わずかに弛む感じがある程度でした。困った筆者は、五回目に側臥位での躯幹の捻りを提案しました。

筆者が見本を示すと、Ａさんはすんなりとマットに横になりました。そして、肩と背中を後方に捻り始めましたが、ほんの少し捻ったところで動かなくなりました。Ａさんとこれ以上自分では動かせないことを確認しあった後に『少し手伝うね』と声をかけ、後方に押す力を加えて援助しました。しかし、それもほんのわずかに動いただけでした。援助している筆者の手には肩胛骨周りに強い緊張があることが伝わってきますが、Ａさんは特に表情を変えることもなく、そこにじっとして耐えている感じでした。『今肩の辺りはどんな感じがする?』と聞くと「よく分からない」と返ってきました。二回目は、緊張して張っている肩胛骨の辺りに筆者が手をあて『この辺りのからだの感じはどう?』『きゅうくつさや痛みはないかしら?』と尋ねたところ「きついし、痛い」と投げやりな返事でした。この反応から、Ａさんは自分のからだの感じはつかめるということがわかりました。いつものように『その感じが変わるといいなと思って待ってみよう』という働きかけをしましたが、Ａさんがそれをどうにかしようとする（意識的・無意識的な）動きは見られませんでした。『じゃあ、これ以上後ろに動こうと思うのをやめて、その場でだらんとしてみて』と伝えたところ、力を抜く感じが出てきたのですが、一方で背中全体に不随意様の緊張が入ってきました。『肩は

力が抜けたね。背中には力が入ったね』と言うと、Aさんは「勝手に入る」と答えました。

ここまでのやりとりを通して、筆者は、Aさんが自分の感じがなんとなく分かるが、それを明確化して表現することに自信がないこと、何か問題が起こった場合にその問題は自分でコントロールできるものではないと諦めて受身になりがちで、問題に対処するために工夫をする力や自分でどうにかしようという力が弱いのだろうと推測しました。

そこで、動作課題を通してAさんがより明確に自分のからだの感じやからだの動きをつかめるようになること、それを人に伝えることと、自分のからだに生じる緊張を自分でコントロールできるようになることをねらいとしました。

具体的には、筆者の手を背中に当て『背中に力が入ったと思ったら動くのをやめて』もらうように働きかけました。Aさんが動きを止めると力が入ったことを二人で確認し、その力を抜くという課題を繰り返していきました。その後、援助の手は当てたまま『力が入りそうになったらそこで一度力を抜いてから後方に動こう』『背中は頑張らずに後方にひねっていこう』という課題に切り替えていきました。Aさんは真剣な表情で自分のからだに入る力をコントロールしようとしている様子がありました。仰臥位でからだの感じを確認してもらうと「なんだか軽い」と言い、表情も和らいでいました。

このような動作課題を通したやりとりを繰り返していくうちに、Aさんはタオルを持たずに面接に来て、自分の気持ちや考えについてよく話すようになりました。

自分は何が好きとかこれという取柄がないので自分を変えたいと思っていること、自分の気持ちを言いたいけどどう伝えたらいいか悩むこと、母親が自分の意見を聞いてくれないことなどが語られました。また、中学のときにグループに馴染めなかったこと、別のグループでもたまたまAさんがガスを出したのが聞こえて、くさいと言われたことがきっかけで居辛くなったことも打ち明けられました。このような話から、症状の背景に自分に対する自信のなさと中学のときに友人に受け入れられなかった経験があることが推察されました。

また、学校をやめたら症状も楽になって楽しいことがあると思っていたけど、やめても自分が思っているようにな

ると は限らないと思うようになったことや、自分は問題が起こるとすぐに不安になって諦めてしまいなんでも中途半端にするくせがあること、そういう自分の問題や現実への対処の仕方に気づいてそれを変化させたいと考えるようになったのです。

九回目の面接で、学校を続けるのは嫌だけど留年もしたくないと話すため、Aさんの現状ではやめると留年が決まることを伝え、自分で考えてみるように話しました。次の回、Aさんは留年しないところまで今の学校で頑張ってみるという選択をしました。そして、学校を続けた場合とやめた場合のメリット・デメリットについて考えたり、そのための材料として他高校の資料請求をして比較検討したりするなど、ずいぶん現実的に具体的に行動するようになっていきました。そして、一三回目の面接では「三年生の卒業式を見ていてみなで卒業するのもいいなと思った」と話し、学校を続ける方向に気持ちが向かっていきました。

動作法を続ける中で、Aさんは自分でからだの痛みや緊張に気づき、自分なりに工夫してどんどん弛めていくようになっていました。ときには「どうやって力を抜いたらいいかわからない」と言うこともあるのですが、投げ出すことなく筆者と一緒に工夫していく余裕も出てきました。Aさんは、動作課題を通して一つ一つからだの感じを確かめながらそれに対処していく過程で、一気に問題を解決しなくても何とかなることや自分で何とかできることを体験していたと思われます。そこで、現実場面でも一つ一つ自分で疑問や不安を解決しながら、現実的に物事と向き合うようになったのではないかと思われます。

また、Aさんは自分の中にいろんな気持ちがあることに気づいたようでした。何でも中途半端になるからきちんと結論を出さないといけないと考えていたことから、そのようにいろいろな気持ちが生じるのはよいことではなく、常に白黒結論を出せないといけないと思っていたのかもしれません。しかし、動作課題を行っているとさまざまなからだの感じ—はっきり言語化できる感じ、なんとも言い表しがたい感じ—が出てきます。筆者は、Aさんにからだの感じをできるだけ言語化してもらうようにはしていましたが、「よくわからないけど何かある感じ」は「よくわからないけど何かある感じ」のまま表現してもらい受け止めるようにしてきました。そういうところから色んな気持ちや曖昧な気持ちがあってもいいんだ、いろんな気持ちがあることを人に伝えてもいいんだということを感じ取ってくれたようです。

(5)自分の症状と主体的に関わる工夫をするAさん

学校を続ける方向に意向が固まると、症状のことが話題になるようになりました。自分がにおうという不安はなくなったが、ガスが溜まることはまだ少し気になるとのことでした。そこで、一七回目から側臥位で腰弛め課題を取り入れました。Aさんは腰を自分ではほとんど動かせないことを知ってあらためて驚いていましたが、これまで同様自分のからだの感じを確かめつつ、少しずつ弛める課題に取り組みました。この様子から、初期にうまくつき合えなかった腰ともつき合ってみようと思う程度にAさんが自分のことを受け入れていった過程があったことが推測されます。また、学校に行く前に緊張するのも何とかしたいと言うため、自宅でできるように坐位での腕上げ課題を取り入れました。これは、肩や背中や腰などに余計な力を入れず必要な力だけで腕を上げていく動作課題で、適度な力で自体をコントロールするというねらいがありました。はじめのうちはさっと腕を上げたり、途中でからだが傾いたりしていたAさんですが、徐々に必要な箇所にだけ力を入れて上げられるようになりました。

さらに、一九回目の面接で、Aさんは友人にガスが溜まることを相談したと報告してきました。友人は心配してくれて学校でもトイレに行くよう勧めてくれたそうです。自分の悩みを話してそれを受け入れてもらえた体験は、友人に受け入れてもらえなかった体験をもつAさんにとってかなり大きな自信となったと考えられます。その後症状はほとんど気にならなくなっていきました。症状に対して自ら積極的に主体的に関わるようになったAさんは、文化祭の出し物で主役に立候補したり、進学したい学校の体験入学に出かけたり、ほかの生活場面でも積極性が増し、生き生きとしてきました。

動作法を行うと症状がすっと消える人もいます。しかし、多くの場合は少しずつ軽減していくプロセスをたどるように思います。そして、筆者は、症状をなくすことよりも症状があってもそれと付き合いながら生活できるようにしていくことが大切だと思っています。症状はその人の何らかの心のあり方を表現しているものです。症状を否定し、なくしたいと思うことは、自分のその心のあり方を否定することに通じます。別の言い方をすると、自分の症状を自分の一部としてその人が認め付き合っていこうと思えると、その症状を生み出している自分の心のあり方と付き合っていくことになると考えるからです。そして、症状に対して主体的に関わり、自分で対処できるという実感が出てくると、自信や自己確信感のようなものが生まれてくるように思います。

Aさんも夏休みが始まる二三回目の面接で、これからは自分で何とかできそうだと話しました。そこで、夏休み中と夏休み明けに一度ずつ面接を行い、二五回目に終結としました。

おわりに

Aさんは、中学時代の経験をきっかけに自分に自信をなくし、問題があるとその場を離れるというやり方でこれまで対処してきたと思われます。動作法を通して、自分の感じが再びつかめるようになり、からだに自分で働きかけていく経験を重ねて、自分への自信を取り戻し、現実に自分で対処する力を身につけていったと考えられます。

自分の気持ちや感じ方・考えがはっきりしてくること、それらを大切にしようと思うこと、自分を表現できるようになること、自分で問題に主体的にかかわり対処できるようになること—動作法を通して得られるものは、どれも思春期の子どもたちが大人になるために必要なことばかりだと思います。

（ふぇにっくす第六八号　二〇〇八年）

一六　東日本大震災における動作法によるストレスケア
―いわて動作法チームの活動報告―

上川達也・後藤幸市

はじめに

大震災から一年が経とうとしています。我々いわて動作法チームは、これまで約一、〇〇〇名の方に動作法による支援をしてきました。今回は、これまでの活動について報告します。

二〇一一年三月一一日（金）の震災直後は、ガソリンが不足し、自家用車での移動は困難な状況で暫く身動きが取れませんでした。

三週間が過ぎた四月一日、愛知学院大学の吉川吉美教授を通じて、岩手動作法学習会代表後藤幸市氏へ「ＮＰＯ法人愛知ネット」（被災者支援団体）から、この時期、不眠・夜泣きなど心身に不調を訴える方が多く見られるということで、動作法による支援の協力要請がありました。

避難所支援の実際

早速、四月三日より、被害が甚大であった県沿岸南部の大船渡市リアスホールという避難所へ「愛知ネット」の臨床心理士二名と「いわて動作法チーム三名（県内特別支援学校教員、臨床心理士）で初めて支援に入りました。

どのように入ればよいかわかりませんでしたが、まずは「肩こりや腰痛の方いらっしゃったら、身体をほぐしてみませんか」と一人一人に声をかけて、歩きました。その際、新潟県中越地震支援の経験を参考に「被災体験については一切話題にしないこと」を事前確認しました。

避難所に入ると多くの方は、表情を堅くして、初めは不審そうにこちらを見ていました。数人の希望者に肩や背の緊張を弛めるアプローチをしたところ、「あー気持ちよかった」「背中が真っ直ぐになった」と話されるのを見て、「私もやって」と徐々に希望者が増えていきました。この反応を見て、「動作法は今求められ、役立つ方法である」と、そうみなで確信しました。

それから東北の福島、山形、岩手の被災三県は、東北レベルで活動する組織の必要性を感じ、「ストレスケア東北ネット」を立ち上げ、各県のニーズに応じて展開し始めました。

岩手は、被害の甚大な県沿岸南部（大船渡市、住田町、陸前高田市）を活動の拠点とし七月まで避難所一七箇所を四六回、七月中旬から仮設三箇所へ約七〇回訪問しています。

避難所支援では、どんな動作課題が適するか試行錯誤の連続でした。動作法の経験にも幅があることから、とりあえず、〈肩の上げ下げ〉や〈肩開き〉、〈躯幹ひねり〉の三つの技法で対応することにしました。動作法経験の浅い方への配慮としては、ＳＶ及びトレーナー資格取得者と三年以内の初心者を組み合わせ、自分が対応することが難しいニーズが上がった際には、経験のあるスタッフへ引き継ぐ、という体制を取りました。また、「できる技法は、これだけですが、いいですか。」と申し出ることにしました。スタッフのほとんどは、特別支援学校の職員でした。一般の方へ適用した経験が少なかったので、こうした取り決めは、支援する側にとっても安心できる体制でした。とは言うものの、さまざまなケースがあり、各人で試行錯誤しながら活動していたのは確かです。

避難所での実施時間としては、一人約一〇分～一一分で一つの課題を行いました。各スタッフは、約五～一〇名ずつ対応していた点から、この程度の時間が最適でした（現在の仮設支援では、各スタッフは、一日二～三名対応のため、三〇分程度行っています）。避難所への訪問時間は、スタッフが県全域（遠くは片道約一七〇㎞）から集まることから、避難所では九時～一二時、一三時～一六時としました。この時間帯の避難所には、男性や働ける女性は、がれき処理に出かけておられたため、高齢者や精神的に落ち込んでいる方、食事担当の方などの女性が多くいらっしゃいました。この中でも動作法を希望されるのは、圧倒的に六〇～八〇歳代の女性の方でした。

避難者の多くは、布団に寝そべり、表情がかたく、生気もなく俯いているのが印象的でした。

動作法が有効であったケース

こんな中、動作法が有効と思われたある四〇歳代男性のケースがあります。愛知ネットの臨床心理士と各部屋を訪問していると、その方が布団に横たわっていました。「最近、津波の映像を見ても涙が出なくなってきた。心がおかしくなったのではないか。俺は我慢しているのかな」加えて「震災後歩行が不安定になり、遠くまで歩くことができなくなってきた」と訴えてきました。「からだと心は関係があるそうです。ちょっとリラックスすると何か変わるかもしれません」と話すと快く招き入れてくれました。

背を丸くして頭を垂らして座る様子から、身体全体に緊張が見られました。そこで、側臥位での〈躯幹捻り〉を実施しました。最初は、頸が浮くほどのかたさにもかかわらず、「特に痛いところはない」と言っていましたが、躯幹を捻っていくと、自分の肩・背・腰がかなりかたいということに気がつかれました。二〇分程の体験後、ご家族を失ったことや被災体験を話されました。そして、「気分がよくなった」と一言。外に歩き出していかれました。しっかりとした足取りで、一歩前に踏み出す姿を見たとき、からだを通して心に働きかける動作法の効果をあらためて確信しました。

仮設支援の実際

七月半ばからは、仮設支援を開始しました。それまで行政が管理していた避難所と違い、自治会で管理しています。支援の仕方も愛知ネットが、ニーズのある自治体に我々の活動を紹介してくれました。仮設移行当初は、愛知ネット及び関係団体（ＮＰＯ及び地元保健所）が開くさまざまな場所での茶話会に同席して動作法を紹介しました。具体的には、坐位での〈肩の上げ下げ〉〈前屈〉を集団で行い、その後、ブースをつくって個別に希望者を募る方式で行いました。現在では、月の第二週と第四週、大船渡市一箇所、住田町三箇所を訪問し、健康講座として動作法単独で開催しています。

支援の中でわかってきたこと

活動を行う中で見えてきた、準備やかかわりの中で有効だと思われたことを下記にまとめています。

①周知活動としてチラシやTシャツを作成して宣伝すること
②最初のかかわりでは、相手の取りやすい姿勢からアプローチすること
③動作法の実施にあたって集団から個別体験へ移行する方式を取ると、支援を受ける方には、受け入れやすい傾向にあること

動作法の理解が進んでいない支援当初、関わる際に不安な様子が多々見られました。相手に安心感をもって貰えるようにすることの大切さを実感しました。

支援を受けた方の様子

動作法を体験すると「気持ちがよい」「足が軽くなった、走れそう」「身体が軽くなった」という感想が多く聞かれます、一方で、感想後に震災直後の時期は、生々しい被災体験を話す方が多くいらっしゃいました。三ヶ月後くらいから、「やるしかない」と前向きな発言が目立ち、徐々に被災体験について話す方は少なくなりました。一方、身体に関するニーズは、肩・腰・膝・足首が多く挙げられます。

ニーズと動作課題の変化

実施してきた動作課題を振り返ると、震災直後には、側臥位や仰臥位、腹臥位といった臥位姿勢でのリラクセーシ

ョン課題を多く行いました。半年後当たりから、坐位や立位などのタテ系課題が目立ちます。当初、臥位の課題が多かった理由として、みなができる技法として〈躯幹捻り〉を主に取り上げたこと、慣れない状況でカチコチに固まった全身を弛緩することが有効であると考えたことが挙げられれます。徐々に坐位や立位課題が多く取り上げられてきたのは、希望者の多くは高齢者で、寝たり起きたりする姿勢変換は、当人にとって辛そうな状況が多く見られたこと、長坐や正座での姿勢が楽であるという方が多いこと、弛めただけでなく、坐位や立位で軸をつくる作業が、身体により注意を向け、自己の動作への意識が高まり、本人が意欲的に取り組む様子が見られることが挙げられます。

このように動作法を体験した方たちが、心地よい体験から、前向きに生きようとする様子がよく見られます。「動作法」という言葉も定着してきました。我々を待ってくれる方たちのため、これからも支援し続けたいと思っているところです。

（ふぇにっくす第七〇号　二〇一二年）

一七　東日本大震災における動作法によるストレスケア
―山形動作法チームの取り組み―

竹田文子・宮崎　昭

はじめに

山形県では三月一一日の震災の直接被害は少なく、停電したものの、ガスや水道は通っていた地域が多かった。しかし、翌日から、生鮮食料品やガソリンなどの物資が不足し、動作法メンバーも動けない状態だった。

そして、原発事故に伴って福島から多くの方が山形県に避難して来た。山形市は、三月一五日に「総合スポーツセンター」に避難所を開設し、三月一九日の時点で一、〇八六名の方を受け入れた。有志が避難所で始めた「こころのケア相談室」に臨床心理士会が合同で運営を始めたのは三月二四日（震災二週間後）である。そこでは、もともと疾病や障害がある人への対応がまず求められた。東北の各県の動作法チームが活動を開始したのは震災約四週間後であった。山形心理リハビリテイション研究会は、四月一六日から避難所の「こころのケア相談室」に参加して活動を始めた。

なお、その後も福島から山形への自主避難者は増え続け、平成二三年一二月一日の時点では、山形県全体で一三七七〇名を受け入れていた。

東日本大震災における被災者の状況

子どもや幼児に、次のような反応が見られた。

・震災後、夜尿が始まった
・高校生の女の子は、肩こりがひどいと自己申告

また、大人にも、次のような反応が見られた。

・避難所で、夜に眠れず、徘徊する
・避難先で、「実はここも放射能が来ている」と言う
・行政への不満など、怒りをとめどなく話す

東北の他の地では、身内を亡くした人、家を流された人、仕事を失った人、放射能で自宅に帰れない人など、さまざまな状況の人がいて、その気持ちの「違い」を認め合えず、ちょっとした言葉で感情的になったりすることが見られた。山形の安アパートに、福島から高級外車で避難してきた人と山形の居住者の気持ちの違い、避難者と山形の支援者の間でふとした一言に傷つき人間関係がぎくしゃくすることも見られた。精神科医の香山リカ（二〇一一）は、「ア

フター三一一」震災後の社会マインドとして、実の姉が被災地支援で妹が送った岩手の海産物を「激しく拒否」して大もめとなった事例や、陸前高田の松を京都の送り火に使うことの是非で人間関係が破綻した事例を挙げている。

東日本大震災における支援の特徴

危機介入としてのCRT（Crisis Response Team）は、急性期（三日間）の介入を重視し、対象者としては健康な人を対象として想定し、危機特有の身体、情動、行動面の変化への対応を行って、以後は、被災者と現地の支援機能に引き継ぐ方針を示している。しかし、東日本大震災においては、次のような支援が求められる。

⑴コミュニティ機能の再建

広域な地域が被災し、住民の安心・安全を守るべき現地の病院や市役所などの公共機関が被災し、障害児・者や老人などの弱者を守るべきコミュニティ機能そのものが被害を受けた。また、地域に住み続けるために必要な生活基盤が失われ、新たなコミュニティをつくるためにも長期的継続的な支援が必要とされている。

⑵原発事故の放射能汚染危機への対応

人がつくった施設である原子力発電所の事故による放射能被害が継続している。専門的な情報の理解が難しく、風評被害や偏見・差別に発展しやすい放射能汚染に対する「不安」や「怒り」への支援が求められる。

ストレスケア東北ネットの意義

⑴被災者へのストレスマネジメントの提供

震災一ヶ月後の時点でも心身の不調が多く見られ、ストレスケアの必要性が認められた。動作法によって心身のリラックスが得られた後に、被災体験を話し始める方が見られたことから、被災者の「喪の作業」の前段階としての意義を有していた。

(2) 支援者へのストレスマネジメント研修機能

被災地の学校の教職員、高齢者福祉施設の職員、がれき撤去処理作業に従事する方を対象にした動作法によるストレスマネジメント研修会が開かれた。支援者自身やその家族が被災をしている場合も少なくなく、支援者への二次支援機能が求められた。

(3) コミュニティ再生への継続的な支援

東北各県の動作法及び大学関係者で意見交換し「ストレスケア東北ネット」を立ち上げ、ホームページを作成して支援の仕組みをつくったことは、広範囲にわたる東北で、これから継続的な支援を展開する上で大きな意義をもつと考えられる。

ストレスケア東北ネット「チーム山形」の活動

山形心理リハビリテイション研究会が四月九日に開かれ、まずは山形の地でできることをしようと、ストレスケア東北ネット「チームやまがた」が発足した。総会後に研修会を開き、「危機介入～コミュニティ心理学からのアプローチ～」と題して、山形大学の宮崎が講演と実技演習を行った。参考資料として、『サイコロジカルファーストエイド―実施の手引き　第二版―』を使った。

活動は、山形市の避難所で、土曜日の午後に集団での「ストレスケア教室」を開き、その後で個別ケアを行うプログラムを設定した。

(1) 実際の活動

山形では、六月末で全避難所が閉鎖され、それに伴って避難所での支援は終了した。

(2) 支援時の動作課題

①導入時……「肩こりや腰痛、背中が痛い方に簡単な体操を紹介しています。いかがですか？」と声をかけ、希望者にはじめはリラクセーション課題を行った。

・仰臥位または長座での足首の曲げ伸ばし
・仰臥位での両腕・肩の弛め、首・肩の弛め
・躯幹の捻り（ＳＡＲＴ）など

②交流時……会話しながら、体のきついところ、辛いところなど本人からの訴えがあった部位（支援者が気づいた体がきつそうなところ、辛そうなところ）を動かす課題を行った。

・仰臥位での脚伸ばし
・あぐら坐位での前屈と起こし、背反らし
・あぐら坐位での肩の上げ下げ
・躯幹のひねり　など

③終了時……踏みしめや重心移動など前向きに踏み出す意欲につながる課題を行った。

・立位前傾と踏みしめ、重心移動
・立位での膝の屈伸

(3)動作法による体験は……

個別に動作法による支援を受けた方からは、次のような発言が見られた。

「そういえば左右どちらかの足が痛かったのだけれど、左右差がなくなり、姿勢が整った感じ」

「リラックス体操をする前は、胸の辺りが苦しかった。もやもやして気持ちが悪くて医者に行った方がいいかと考えていたが、すっかりすっきりした」

「先週この体操をした後、気持ちよく、肩こりを感じないで過ごせた」

「膝が痛くて大変だったのに、調子がよくなった」

また、集団によるストレスケア教室への参加者からは次のような発言が見られた。

「リラックス体操はスタッフこそ必要」

「このくらいの動きで、こんなにすっきりするならいいわね」

「スーッとした気持ちがいい」

「今夜はゆっくり眠れそうだ」

「心の相談室というと敷居が高い。心に問題があると思われると嫌だから相談室には行きたくない」

〈現実体験であること〉

からだの感じを手がかりにし、互いに関わり合っている今、このときの感じは、自分が生きているという実感を伴い、自分のからだ（心）と真摯に向き合う体験となる。臨床心理士が会話を誘っても応じない方も、動作法によるかかわりの後で会話をする様子が見られた。

〈共有体験であること〉

会話を通した過去のそれぞれの体験は、共感はできても共有はできない。しかし、動作を通して感じ合うからだの感じは共有することができ、互いに寄り添いあって安心できる体験を共有できる。これまでの会話の中では、笑わなかった人が笑顔になっていた。

(4) まとめ

心に問題を抱えていると思われると嫌だ、相談室には行きたくないという大部分の健康な人たちのために、健康な日常を取り戻すための支援として、動作法は有効であった。また、集団でのストレスケア教室に参加した支援者にとっても必要性が認められた。

（ふぇにっくす第七〇号　二〇一二年）

文　献

香山リカ　二〇一一「アフター311」―震災後の社会マインド―　実の姉妹が「被災地支援の海産物」で大もめ―原発事故「ストレス三重苦」が生む「洗脳寸前ジャパン」―　nikkei Bpnet. 二〇一一年九月一日<http://www.nikkeibp.co.jp/article/column/20110825/281790/>

一八　東日本大震災における動作法ストレスケア
―福島動作法チームの報告―

持舘康成

はじめに

福島県は、三月一一日に起きた大震災において地震や津波における被災を受け、原子力発電所の事故による避難を強いられている方が大勢いるのが特徴である。

福島動作法チームは、三月中旬から東北連合の支援チーム結成を視野に関係者で内々に準備を進め、四月一〇日「ストレスケア東北ネット」発足に合わせて、県内で活動する動作法関係者で組織された。主に、いわき市、相馬市、郡山市周辺で、被災者の方々の支援を中心に、ストレスケアの活動を行ってきた。この報告では、これまでの取り組みを振り返り、福島県における課題と今後の取り組みについて考察していく。

福島県動作法チームの概要

福島動作法チームは、以下の三つの団体が連携して活動を行ってきている。

①福島県障害児・者の動作学習研究会

支援対象は、障がいのある方々で、動作不自由や行動の改善を目的としている。会員は、特別支援学校の教員や福祉施設職員等で構成されている。

②福島ストレスマネジメント研究会

ストレスマネジメントの正しい普及、教育、研究の促進を目的としていて、会員は小中高等学校教員、養護教諭、心理士等で構成されている。

③いわきストレスマネジメント研究会

日本臨床動作法学会認定「リラックス勉強会」で臨床動作法を体験的に学んでいる団体である。会員は心理士、養護教諭、病院関係者、大学院生、会社員、一般市民等で構成されている。

支援の導入について

支援の初期は、福島県の行政が原発事故の対応で忙殺され、ＮＧＯの関与も少なく避難所のニーズを調整する機能が働かなかったため、災害対策本部や社会福祉協議会等の団体に問い合わせをしても、支援に入れない状況があった。

相馬市については、はじめ、団体活動のプリントを作成し各避難所を回って、了解を得た上で、支援を行った。市の災害対策本部を訪れ、個別に行ってきた避難所支援の実績を説明しながら、仮設住宅へ移行後の支援の受け入れについても了解していただいた。いわき市についての団体と活動目的、内容について災害ボランティアセンターの担当者に説明し、体験してもらった上で、被災者の見守り隊の活動の一環として支援を行えるようにした。いわき市においては、仮設住宅への支援においても、連携して行っている。郡山市においては、災害対策本部の調整がうまくいかずに、個別に了解をいただいた避難所での支援に留まっている。

支援の実際

(1)支援活動にあたっての基本的な方針

それぞれの団体において、動作法に関する研修を受けたものが、支援を行っている。支援の際には、「避難所支援を進めるにあたっての留意事項」を作成し、それらを確認した上で支援を行うようにした。動作法を学んで間もない大学院生や「リラックス勉強会」で初めて動作法に触れた一般市民の方もおり、自信をもってできる基本的な技法だけを使うこととし、困難なケースについては、経験のあるものに依頼するなどチームで支援にあたることなどを確認した上で支援にあたってきた。

表1

地区	時期	被支援者数	支援者数	支援箇所
相馬	第１期	102	14	14 (5)
	第２期	39	14	4 (1)
郡山本宮	第１期	82	22	16 (2)
	第２期	0	0	0
	その他	90	6	1 (1)
いわき	第１期	820	173	58 (21)
	第２期	37	14	5 (4)
	その他	43	10	3 (3)
合計		1,213	253	101 (37)

(2)支援の対象について

被災された方々ばかりでなく、被災された方々を支えるスタッフも支援の対象としている。

(3)支援期間

①第一期　避難所での支援

②第二期　仮設住宅での支援

(4)実際の活動状況

(5)支援の実際

①小学校高学年の女子（四月下旬、二次避難所）

「体のいたるところが痛い」「夜眠れない」との訴えがあった。母親によると、夜は母親の体に触れていないと不安で、何度も目が覚めて、熟睡できない状態で、少し触れるだけで痛みが出る様子だった。一回目のときは、体に触れることも難しい状況だったが、二回目のときから、触れるようになり、「温かい」という感想が聞けた。それから、徐々に安心感をもたせながら、体幹の弛めを中心に自分で入れた力を抜くやり方でじっくり関わったところ、力がすこしずつ抜け、その場で三〇分ほど、寝た。その後、元気な様子で夜も眠れるようになったとの話を母親から聞くことができた。

②八〇代の女性（四月下旬、一次避難所）

避難生活になって、膝の痛みと歩行の不安定さがひどくなったとの訴えがあった。膝や足首のリラクセーションの後、立位で踏みしめ課題を行ったところ、本人から痛みが取れて、「はねてあるがいる（方言：足が軽くなった）」

との感想が聞かれた。

③六〇代の男性（五月下旬、一次避難所）

体験の後に、膝を痛めるきっかけとなった津波の体験を話したり、これからの不安を口にしたりする様子が見られた。この方に限らず、他の方々からも同様に自分から被災時の話をされる方が多かった。

④七〇代高齢者（一〇月、仮設住宅）

支援した後に、一人でできる側臥位での躯幹の捻りでのリラクセーションを提案したところ、一ヶ月間自分で取り組み、正座ができるようになり、さらに毎朝仮設住宅の外周をウォーキングしているという報告をいただいた。

⑤集団での取り組み（一〇月下旬、仮設住宅）

はじめ、集団で自ら弛める体験をした後で、個別のリラクセーションを行った。このような段階を踏むことで、安心して取り組めるようになった。また、支援後に仮設住宅で自分でリラクセーションする方法を知ることができた。

⑥本宮地区中学校ＰＴＡ主催行事「リラクセーション体験をしよう」（参加者九〇名、スタッフ六名）

この支援を行った中学校では、福島チームの関係者がＰＴＡの役員になっていて、保護者や生徒のストレスの状態が高いことを危惧し企画した。実際の支援では、生徒と保護者に分かれて、リラクセーション体験を行い、最後に保護者と生徒が触れ合う場面を設定した。参加者からは、「最近、子どもと触れ合う機会がなかったのでよかった」「気持ちよくて体があたたまった」という感想が多数聞かれた。

まとめと今後にむけた取り組み

(1)まとめ

①震災間もないころは、体の辛さや不眠などの多く、それに対して動作法によるリラクセーションが有効であったと考えられる。また、動作法を体験した後で、自ら被災体験を語られる方が多かった。

②リラクセーションや踏みしめの課題を通して、体が楽になった、歩行が安定した実感が得られることで、生活に前向きな様子が見られるようになったのではないかと思われる。

(2)今後に向けて

①受け身ではなく、支援を受ける人が「自分でやってみよう、チャレンジしてみよう」という気持ちがもてるような課題設定と支援の工夫が今後必要である。

②福島・郡山地区をはじめとする中通り地方は、放射線の線量は極端に高くはないが、子育てをしている保護者にとっての不安は大きな課題となっている。放射線教育に加えて、前述したＰＴＡ行事等による取り組みは不安に対するストレスマネジメントの観点からも、今後重要になってくるものと思われる。また、家庭や学校で取り組めるようなプログラムの提案や研修会の実施が必要ではないかと考える。

③いわき地区は、市内の被災者だけでなく、特に原発事故によって非難を余儀なくされている広野町や楢葉町等への支援についても、今後継続的に行っていく必要がある。

（ふぇにっくす第七〇号　二〇一二年）

一九　災害時の心のケアに関する報告
―新潟県中越地震後の小学校現場での様子―

髙橋道子

はじめに

平成一六年度、新潟県はたび重なる自然災害に見舞われた。夏の新潟・福島豪雨（七・一三水害）、冬の豪雪があり、そのたびに尊い命も奪われた。これらの自然災害による被害は、新潟県の中部に位置する中越地方に集中した。中越地方に住み小学校教員として勤務していた筆者が、被災者としてどのように過ごしてきたか中越地震後を中心に報告する。

概　要

勤務校　N大学附属N小学校
学級数　一二学級
対象　四年二組（四〇人）

N小学校はN中学校、幼稚園と隣接し、附属N校園と称する。N小学校には中越地区全域から児童・生徒が通学しており、七・一三水害で被災した児童も数名いた。筆者も自宅が半壊した。

震災当日の一〇月二三日は土曜日だったが学校にいた筆者はそこでM六・八の地震にあった。以下は学校所在地における震度である。

午後五時五六分頃　震度六弱
午後六時一二分頃　震度五弱
午後六時三四分頃　震度五強

二階の職員室廊下を歩いているとき、本震にあった。立っていられない揺れだった。収まるまでの時間はとても長く感じられ、揺れている間のことはよく覚えている。収まったときは、ほこりが立ちこめ視界が悪く、警報装置や非常ベルが鳴り響いていた。

〈震災当日〉

地震後すぐに校舎を巡視して回った。内壁や外壁があちこちで崩落しており、校舎一部倒壊していた。学校が所在する地域の指定避難所は屋根が崩落したため避難所として使用できず、地域住民が次々と学校に避難してきた。地域のライフラインはすべて止まったが、学校は水道とガスが止まり電気は供給されていた。そのため夜間に電気が点いている学校へ大勢の避難者が集まってきた。駆けつけた市の職員と学校職員数名で小・中学校の体育館を開放した。避難者名簿の作成やプールの水を汲みだしてトイレの準備をするなどした。避難者の中には建物の中に入るのを拒み、建造物のないグラウンドへの避難を希望する方もいた。日付も変わった夜中、筆者は学校から車で五分ほどのアパートに戻った。部屋には一度入ったが、足の踏み場もなく余震も多かったので、他のアパート住民と駐車場の車中で朝まで過ごした。駐車場の一部は液状化で陥没していた。

〈地震翌日〜休校中〉

日曜日であったが、出勤可能な教職員が学校に集まり今後の対応を検討。一一月三日までの一〇日間を臨時休校とし、メールと電話による児童の安全確認を始めた。また、校舎の安全点検を行い避難所の環境整備を行った。専門家による建物診断で校舎の危険箇所が指摘されたり割れたガラスなど危険物が見つかったり対応におわれた。教職員も交代で二四時間学校駐在の体制を取ることになった。避難所の運営を手伝うほか、筆者はそうした教職員の食事準備も担当することになった。

二日後から避難所生活をしている児童に会うため避難所回りを始めた。学区から広範囲にわたっているため児童が避難している避難所も多数になった。しかし、交通が遮断されている箇所が多く回れる避難所も限られた。電話やメールなどで児童・教職員全員の無事が確認された。七・一三水害の経験が活かされ安否確認の作業はスムーズに行われた。余震が続く中、学校再開に向けた準備も始まった。市外からもボランティアが来始めたが、余震のために帰っていくこともあった。

〈学校再開後〜一週間〉

学校が再開し登校してきた子どもたちのほとんどは、筆者の予想に反して元気な様子だった。公共交通機関の復旧のため四〇人全員が出席するまでさらに五日間かかった。家屋の損壊状況から精神状態まで子どもたちは各種アンケートへの回答が求められたり作文を書かされたりした。また大きい余震が続いていたため、学校でも避難しなければならない状況が何度かあった。そのようなとき、保護者が来校し一人で家にいるのは怖いからと子どもを連れ帰ることがあった。

県教委が「児童生徒の心のケア説明会」を開く。その際に使用された資料が、本校でも配布された。資料には「こころの健康調査票」の実施と「動作法による支援」等が活動例として掲載されていた。

養護教諭と相談し、まず「こころの健康調査票」を作成。アンケートと心理教育を全学級で実施した。その後、学級担任が個別面談を行った。児童は、大学から派遣された臨床心理士の個別面談を受けられることになった。筆者が担任している学級の児童の場合は、本人と家族の了解が得られず臨床心理士による面談は行われなかった。

自由記述には全員が不安状況について記入していた。表面上は元気に過ごしていた子どもたちだったが、何らかの不安を抱えていることがわかった。それを基に面談で話を聞いた。多くの子どもは一人になることを嫌がっており、先生や友達と一緒に過ごせる学校は安心だから楽しいと言った。また、当時は個々の子どもの様子にばかり目がいき気づかなかったが、あらためてアンケートを整理すると、家族の様子が子どもの状態に大きく影響していたことがわかる。

〈二・三週間〜一一月中〉

毎朝の健康観察で、児童からの頭痛や腹痛の訴えが増えた。保護者との個別懇談も行われた。地震後の子どもの家庭での様子を聞くことができた。部屋に一人になれない、夜は明かりを消せない等、地震後に変わった様子や保護者自身の悩みを聞いた。また、個別懇談後も保護者からさまざまな相談が昼夜を問わずに寄せられるようになった。児童や保護者のさまざまな訴えが増える中で、何かしなければならないという筆者の思いが強くなった。

藁をもつかみたいというのが当時の心境である。一五年間動作法の研修を受けていた筆者は「動作法による支援」を行うことにした。インターネットを通じて富永先生からご指導をいただくことができた。このころ、学校の職員にも相当な疲労がうかがえた。まず研修として職員に体験してもらい、その後、担任する子どもたちと保護者への支援を行った。

〈動作法による支援〉

①身体のかたさチェック

②絆のワーク（動作法）ペアで、あたたかさを体験

③漸進性弛緩法

④絆のワーク（動作法）ペアで、もっと力を抜く体験

⑤身体の変化チェック

保護者が来校している場合は親子で、そうでない場合は同性の子どもでペアをつくった。肩に手を置いてもらいその温かさを感じたり、肩の力が抜けていくのを味わったりした。

「身体のチェック」では身体の絵を描き、①で「力が入っているところに×」を記しておき、⑤で「変わったところに○」つけた。全員の絵に○が書き込まれていた。また、自由記述には「あたたかい」「ぬけた」「とれた」「軽い」など身体部位の変化を表す言葉のほかに、「動きやすくなった」「眠くなった」や「安心」「落ち着いた」「気分が晴れた」「すっきり」「集中」「気持ちいい」など身体の状態や心情を表す言葉も多く書かれていた。そうした言葉の前に「なぜか」と記述している子どもが複数いた。また、今まで身体に力が入りすぎだったことを自覚したと記述している子どもが四人いた。さらに、相手が力を抜いて行く様子が伝わってきたことに驚いたという記述もあった。

〈一二月〉

風邪による欠席が多かった。
こころの健康調査票と全員の個別面談を再び行った。
子どもや保護者からのさまざまな訴えはなくなり心配のない冬季休業に入った。

考　察

○地震直後は学校を避難所として機能させること、子どもの安否を確認すること、再開の準備を始めること、この三つのことに無我夢中だった。自分でも不思議なくらい働くことができた。
○子どもは学校では一人になることがほとんどないため安心していられるようだった。一方、子どもを学校へ送り出し、一人になってしまう家族が不安を抱いていた。また、災害後の家族の変容が子どもの不安要素になってしまう。
○災害に遭うと人はどうなってしまうのかという「心理教育」が筆者にはとても役立った。被災者である自分自身に対する不安を軽減することができた。また、支援者として子どもを理解することもできた。教育現場では災害や事件に遭う前に心理教育が行われていくとよい。
○絆のワークは予想以上に効果があった。意図的に人とのつながりを感じたり自分の身体に目を向けたりすることが被災者には必要である。
○七年を経た現在も心のケアは続いている。筆者自身もこうして体験を振り返るまでに七年を要した。この体験をこれからも見つめ直し、支援者としての今後に役立てていきたい。

【謝辞】「動作法による支援」を行うにあたり兵庫教育大学・富永良喜先生に多大なる支援をいただきました。ありがとうございました。また、発表を勧めてくださった大阪大学・宮田敬一先生のご冥福を心よりお祈り申し上げます。

（ふぇにっくす第七〇号　二〇〇二年）

索　引

A～Z
ADHD　34
CRT（Crisis Response Team）　115
SPO2（動脈血酸素飽和度）　80

あ
“遊び”のスタイル　3
安心感の形成　3
医療的ケア　66
医療的な生活援助行為　66

か
蛙肢位　48
過呼吸　100
感染症　54
教育動作法　85, 88
健康動作法　13
原始歩行反射　46
高齢者　13
個別の指導計画　91

さ
弛緩感　34
自己臭恐怖　100
思春期　6, 101
自動感　12
児童・思春期相談室　100
支配性行動　28
自閉症児　21
重度・重複障害児（者）　66
主動感　12, 34
心疾患　54
新生児性筋緊張　43
心理リハビリテイション　7
スクールカウンセラー　93
ストレスケア　113
ストレスマネジメント　115
スポーツ動作法　85
精神科病院　100
漸進性弛緩法　128

た
対人関係スキル　96
対人相互交渉　28
ダウン症　43
チアノーゼ　69
痴呆症（認知症）　13
動作制御の獲得　1
動作法のエッセンス　98

な
乳幼児のトレーニー　1
脳卒中後後遺症　13

は
東日本大震災　109
被動感　12
避難所支援　109
閉塞性無呼吸　69
ベッドサイド　78

ま
問題解決能力　96

ら
療育　55
臨床動作法　8
老性自覚　14

【執筆者一覧】

はじめに　遠矢浩一　九州大学大学院人間環境学研究院

第１章

1. 税田慶昭　北九州市立大学文学部
2. 清水良三　明治学院大学心理学部
3. 長野恵子　西九州大学子ども学部

第２章

4. 香野毅　静岡大学教育学部
5. 横田聡　福岡特別支援学校
6. 井上久美子　西南学院大学人間科学部
7. 田中新正　大分大学教育福祉科学部
8. 菊池哲平　熊本大学教育学部
9. 古賀精治　大分大学教育福祉科学部
10. 小田浩伸　大阪大谷大学教育学部
11. 谷　浩一　京都市立西総合支援学校

第３章

12. 飯嶋正博　順天堂大学スポーツ健康科学部
13. 小田浩伸　大阪大谷大学教育学部
14. 歳桃瑞穂　防衛大学校学生相談室
15. 山﨑由紀　医療法人寿栄会本間病院
16. 上川達也　岩手県立盛岡みたけ支援学校
    後藤幸市　岩手動作法学習会
17. 竹田文子　山形県楯岡特別支援学校寒河江校
    宮崎　昭　山形大学地域教育学部
18. 持舘康成　福島県教育庁県中教育事務所
19. 髙橋道子　長岡市立福戸小学校

基礎から学ぶ動作法
心理リハビリテイション・ガイドブック
2015年1月10日　初版第1刷発行　（定価はカヴァーに表示してあります）

編　者　九州大学総合臨床心理センター ©
発行者　中西健夫
発行所　株式会社ナカニシヤ出版
〒606-8161　京都市左京区一乗寺木ノ本町15番地
Telephone　075-723-0111
Facsimile　075-723-0095
Website　http://www.nakanishiya.co.jp/
E-mail　iihon-ippai@nakanishiya.co.jp
郵便振替　01030-0-13128

装幀=白沢　正／印刷・製本=ファインワークス
Printed in Japan.
ISBN978-4-7795-0899-8